DER HEIDELBERGER KARZER

ECKHARD OBERDÖRFER

Der Heidelberger Karzer

SH-Verlag

Impressum

ISBN: 3-89498-132-6
© 2005 by SH-Verlag, Köln
Osterather Str. 42, D – 50739 Köln
Telefon: 0221 / 956 17 40
Telefax: 0221 / 956 17 41
E-Mail: info@sh-verlag.de
Internet: www.sh-verlag.de

Umschlaggestaltung, Layout und Lithos: Eckhard Langen, Köln
Satz: Claudia Wild, Stuttgart
Druck: Druckhaus „Thomas Müntzer" GmbH, Bad Langensalza

VORWORT

Meinen Eltern

Der Zauber der Neckarstadt, er hat noch keinen getrogen. Ein schönes Wort, immer wieder bestätigt. Eichendorff hat es geprägt. Auch im Kitsch der Tourismus-Industrie unserer Tage steckt noch ein Kern echten Gefühls. Das fand der Autor, ein Preuße aus dem fernen Pommern, bestätigt, als ihm die Öffnung der innerdeutschen Grenze die Erfüllung eines alten Traums ermöglichte: Heidelberg sehen, das der im pommerschen Greifswald sehr beliebte Joseph Victor von Scheffel besang. Dass heute mehr Karten mit Peggy Marchs Lied „Memories of Heidelberg" in den Läden zu haben sind und die Neckarstadt nicht mehr wie zu Kaisers Zeiten aussieht, ändert nichts an Scheffels Feststellung: „Am Neckar und am Rheine, keine andere kommt dir gleich."

Das gilt auch für das historische Studentengefängnis. Der Karzer gibt es einige in Deutschland. Auch in Pommern blieb einer erhalten. Aber er ist nur eine sympathische Miniaturausgabe des bekanntesten und auf seine Art großartigsten deutschen Studentengefängnisses in Heidelberg. Ein eindrucksvolles Zeugnis der Denkart im Kaiserreich, ihrer Romantik, ihres Kitschs, des deutschen Gemüts überhaupt.

Übrigens: Noch im 19. Jahrhundert sagte man öfter „das" statt „der" Karzer. Die Beliebtheit des Neutrums führen die Sprachwissenschaftler auf die Analogie zu „das Gefängnis" oder „das Loch" zurück. Kein Wunder, denn vom Karzer der Neckarstadt hieß es im 16. Jahrhundert, dass „den Eingesperrten durch die Feuchtigkeit die Kleider vom Leibe und die Schuhe von den Füßen faulten, weshalb sich auch die Studenten dort lieber ausweisen als einkarzern ließen"! Die Touristen der Kaiserzeit, die die Häftlinge besuchten, fanden ganz andere Verhältnisse vor. Und das Maskulinum setzte sich durch.

Erstaunlich, dass bisher keine Monografie über den Heidelberger Karzer erschien, obwohl es zahlreiche Veröffentlichungen gibt, unter denen die von Tilmann Bechert wohl die beste ist. Tatsächlich ist die Vielzahl der Inschriften, Bilder und Insassen für den um Vollständigkeit bemühten Historiker ein Grund zu verzweifeln. Für einen Geschichtswissenschaftler a.D. und Journalisten verbot es sich zum Glück von vornherein, diese anzustreben. Auch die überfällige vergleichende Gesamtgeschichte der Hochschulgerichtsbarkeit war nicht das Anliegen. Es besteht in der Erzählung von Karzergeschichte, Karzergeschichten, der Beschreibung des Ist-Zustandes. Dafür hat der Autor mit der Familie einige Tage im Gefängnis verbracht. Allerdings ohne Übernachtung und Speisung.

Dank gilt den Mitarbeitern des Universitätsarchivs Heidelberg, des dortigen Stadtarchivs und des Generallandesarchivs Karlsruhe, die diese Arbeit unterstützten. Auch Dr. Schroeder, Dr. Reinbach und Dr. Bader, alle Heidelberg, sowie die Korporationen der Neckarstadt und Ulrich Becker vom Institut für Hochschulkunde halfen durch Hinweise, Material, die Durchsicht von Manuskripten. Ihnen sei ebenso gedankt wie all denen, die nicht aus schlechter Absicht vergessen wurden. Ganz besonders haben Konrad und vor allem Heike Oberdörfer das Buch durch ihre Hilfe auf den Weg gebracht. Meinem Vater Werner Oberdörfer ist fürs Korrekturlesen zu danken.

DIE AKADEMISCHE
GERICHTSBARKEIT

IN HEIDELBERG

Die Gerichtsbarkeit in Heidelberg stand im Grundsatz wie an anderen mittelalterlichen Universitäten von Anfang an allein der Hochschule zu. Ältestes Denkmal der Sonderstellung der Studenten sind die so genannten „Habita", ein Reichsgesetz Kaiser Friedrich I. Barbarossa aus dem Jahre 1155. Danach konnten ortsfremde Scholaren bestimmen, ob sie sich vor dem ordentlichen Gericht des Bischofs oder ihres Dominus – des Landesherrn – verantworten wollten.

Ein Machtmonopol des Staates im heutigen Sinne gab es nicht, sondern konkurrierende Gerichtsherren. Einheitliche Ausführungsbestimmungen fehlten, sodass sich Städte, Landesherren und Hochschulen in vielen Universitätsstädten um die Grenzen der jeweiligen Gerichtsbarkeit stritten. Vor allem dann, wenn die Interessen der anderen Seite betroffen waren, wie beim Eintreiben von Schulden, oder wenn die Scholaren gar zu sehr über die Stränge schlugen.

Sowohl der Papst als auch der Kaiser wollten sich einen möglichst großen Einfluss auf die Bildungsanstalten sichern. Ohne päpstliches Privileg ging es nicht. Wer auch der eigentliche Gründer der Universität war, er hatte eine Petition nach Rom zu richten.

Paris und Bologna waren die Vorbilder für die Entwicklung im Reich, auch was die akademische Gerichtsbarkeit angeht. 1200 wurden in der Seine-Metropole die Scholaren ausschließlich dem geistlichen Gericht unterstellt. Bereits 1266 wurde in Neapel ein Universitätsrichter (*justitiarius scholarum*) erwähnt. Von kaiserlicher Seite hat wohl nur Karl IV. eine kontinuierliche Universitäts- und damit auch Privilegienpolitik betrieben. Im Allgemeinen hatte aber der Papst den maßgeblichen Einfluss und sicherte zudem entscheidend die wirtschaftliche Existenz – das gilt für die gesamte erste Phase europäischer Hochschulgründungen, zu der auch Heidelberg gehört.

Die Rechtszersplitterung in der mittelalterlichen Gesellschaft spiegelt sich auch in der Pfalz wider. An der Heidelberger Hochschule übten der Rektor und in bestimmten Fällen ein Universitätsgericht, bestehend aus dem Rektor und vier Magistern, die Universitätsgerichtsbarkeit aus. Anders als heutzutage wurde nicht zwischen Straf- und Privatsachen unterschieden. Die Universität machte da keine Ausnahme. Für sie war die Disziplin, die Integrität ihrer Mitglieder, ein ganz entscheidendes Ziel der Rechtsprechung.

Als Gerichtsherr in Heidelberg fungierte der Bischof von Worms. Der Kirchenfürst durfte dafür nicht nur einen Beamten in der Neckarstadt anstellen, sondern auch einen Kerker, also einen Karzer, einrichten. Möglicherweise wegen der Kosten nahm der Bischof das Richteramt nicht wahr. Daher zog der Rektor der Universität dieses Amt 1394 an sich, ohne dass der Wormser Kirchenfürst widersprochen hätte. Ein gewisser Einfluss des Bischofs blieb aber erhalten. So wurde 1479 festgestellt, dass Deflorationssachen, die Anerkennung von Kindern sowie Prozesse um Wucher-Verträge durch ihn zu entscheiden waren. Im Wesentlichen, und bei der Disziplin im engeren Sinne ganz, verblieb das Richteramt über die Universität für die nachfolgenden Jahrhunderte bei der Magnifizenz – dem Rektor. Der akademischen Gerichtsbarkeit unterworfen waren auch Angehörige, Knechte, Mägde sowie die so genannten Universitätsverwandten. Das waren Menschen, die durch ihr Gewerbe mit der Hohen Schule verbunden waren, z.B. Pedelle, Schreiber, später auch Buchdrucker.

Ausdrücklich wurde milde und ehrenvolle Behandlung zugesichert. Zwischenzeitlich wurde ein Teil der Hochschullehrer direkt dem päpstlichen Stuhl unterstellt. Damit erreichte die Universität einen wichtigen Erfolg auf dem Weg zur völligen Unabhängigkeit, wie sie Köln, Prag (ab 1397) und Tübingen durch die uneingeschränkte Ausübung der niederen und hohen Gerichtsbarkeit besaßen. Verstümmelungs- oder Todesstrafen verhängten aber auch diese Hochschulen im Mittelalter nicht. Streitigkeiten zwischen Bürgern und Studenten sollten seit spätestens 1420/21 vor dem Gericht, das für den Beklagten zuständig war, verhandelt werden.

Die Rektoren wechselten häufig, deshalb wurden Verfahren nicht selten verschleppt. Oft hatte der Scholar schon vor dem Urteilsspruch das Neckartal verlassen. So manches Mal stieß die Universität ein Mitglied aus und gab damit den Weg für Verfahren vor ordentlichen Gerichten frei. In Heidelberg war das 1428 schon möglich, wenn man als Scholar nach 22 Uhr Unfug auf den Straßen trieb.

1441/42 erfolgte eine Revision der Statuten, die vorwiegend die Disziplinarvorschriften betraf: Kuppler, Nachtschwärmer, Hostienschänder und Frauenverführer sollten nicht mehr der Universität angehören dürfen. Zugleich belegen diese Bestimmungen ein, wenn nicht das wichtigste, Ziel akademischer Disziplinargewalt: die moralische Integrität der Universität zu wahren und keinen Unwürdigen in ihren Reihen zu halten. Streng herangenommen wurden die „Bursenknechte": Studiosi, die wegen ihres geringen Alters und der für den Vorlesungsbesuch noch unzureichenden Lateinkenntnisse in Wohnheimen untergebracht waren.

Bis zur Mitte des 16. Jahrhunderts sprach man vor allem Geldstrafen aus. Das war auch an den anderen Hochschulen die Praxis. Im deutschen Durchschnitt galt, dass der Scholar einer Woche Haft durch Zahlung von ein bis zwei Goldgulden entgehen konnte. Üblich war die Untersuchungshaft, das Wittenberger Arrestlokal wurde beispielsweise von Anfang an zu diesem Zweck verwendet. Sehr selten gab es Freiheitsstrafen oder Ausschließungen von der Universität. Einige Universitäten waren für ihre strenge Strafpraxis bekannt. So saß man in Tübingen bei Wasser und Brot. Und der Altdorfer Karzer, in dem 1599 Wallenstein einsaß, hieß nicht umsonst Hundeloch.

In der Neckarstadt glaubten die Professoren lange Zeit, ohne Kerker auskommen zu können. Als sich 1467 die Vergehen häuften, wollten die Hochschullehrer doch einen Karzer und wandten sich gegen eine Umwandlung von Freiheits- in Geldstrafen ohne Vorbedingungen. Der Antrag, in der Artistenschule bei der Bibliothek einen Kerker einzurichten, hatte zunächst keine Folgen. Das Recht des Rektors, Karzerstrafen auszusprechen, blieb auch unangetastet, als Kurfürst Friedrich I. neun Jahre später über die Zweckmäßigkeit dieser Strafe nachdachte.

Auf die Reformation der Universität von 1522 durch Kurfürst Ludwig V. geht die Bildung eines Universitätsgerichts zurück. Den Rektor unterstützten bei der Rechtsprechung vier bzw. sechs Beisitzer. Ottheinrich fügte 1558 weitere zwei Herren hinzu. Vier Juristen gehörten jetzt zu den Richtern. Ein Universitätskarzer war schon dreizehn Jahre früher im Unterstock eines baufälligen Häuschens in der Nähe der Realistenburse eingerichtet worden. Seitdem mussten sich die Studenten nicht mehr auf die Stadtwache schleppen lassen.

Damit es nicht zu Verwechslungen kam, hatten die Scholaren zu nächtlicher Stunde Studententracht zu tragen und sollten mit sichtbaren Lichtern gehen. Dies war nichts Ungewöhnliches, denn eigentlich war in den Städten des Mittelalters nächtlicher Ausgang aus Sicherheitsgründen grundsätzlich untersagt. Nur in Notfällen durfte man auf die Straße gehen und musste dann ein Licht mitführen – das galt für alle, also nicht nur für die Studenten. Nächtliches Schwärmen, Glücksspiele und „ungebührliche Waffen" waren verboten. Ungehorsam und Schlechtigkeit der Jugend nahmen seinerzeit in erschreckendem Ausmaß zu, meinte die ältere Generation. Einmal im Halbjahr sollte darum eine vom Rektor geleitete Kommission in den Bursen nach dem Rechten sehen. Und wer böse war, der hatte auch finanziell die Folgen zu tragen.

1560 bestimmte Pfalzgraf Ludwig VI., dass Häftlinge im Karzer auf eigene Kosten sitzen sollten. Wer nichts hatte, wurde aus Einnahmen des Klosters Schonau unterhalten. Knapp dreißig Jahre später schied der Senat – das höchste Selbstverwaltungsorgan der Hochschule – als Berufungsinstanz aus. Diese Befugnis ging an das Hofgericht über, sofern der Streitwert überhaupt höher als 20 Gulden lag.

GERICHTSBARKEIT UNTER DEM SCHUTZE DES LANDESHERRN

Der allgegenwärtige Rückhalt in der universalen römischen Kirche ging allmählich verloren, sodass sich die Hochschulen in ganz Deutschland an die Landesherren anlehnten und bei ihnen Schutz suchten. Sie sollten die letzte Verantwortung übernehmen. Die Universitätsgerichte wurden zu staatlichen Behörden. Hauptziel der Universitäten war nunmehr die Ausbildung von Fürstendienern. Die Disziplinargewalt über die Studenten entwickelte sich folgerichtig zum Schwerpunkt in der Praxis. Von der zweiten Hälfte des 17. Jahrhunderts an wird die akademische Gerichtsbarkeit zu einem privilegierten Gerichtsstand der Studenten, dem nach wie vor noch verwandte Berufsgruppen unterstellt waren. Rund hundert Jahre zuvor waren in Heidelberg erstmals genau diejenigen aufgeführt worden, die unter die Gerichtsbarkeit des Rektors fielen: die Studierenden, Pedelle, Buchbinder, Buchführer, Buchdrucker, Witwen und Kinder von Professoren, ausnahmsweise auch fremde Gelehrte. 1672 standen auf der Liste der Universitätsverwandten ferner Bereiter, Fecht-, Sprach- und Tanzmeister.

Zwar überwanden die Landesfürsten die mittelalterliche Machtvielfalt und machten aus den Hohen Schulen Staatsanstalten. Das hatte aber keinen entscheidenden Einfluss auf die akademische Gerichtsbarkeit als erste Instanz. Dass das Universitätsgericht 1556 zur Hälfte aus Senatsmitgliedern und zur anderen aus jungen Magistern bestehen sollte, spricht für die Modernität der Neckarstadt. Auch wenn diese Bestimmung nur bis 1573 bestand — sie ist ein Vorgriff auf demokratische Zeiten. Die Erziehung der Studenten stand jetzt im Mittelpunkt. Die Vorschriften waren allerdings so streng, dass sie kaum ein junger Mensch einhalten konnte.

Relegation oder dauerhafte Karzerhaft drohten dem Verbrecher. Wer aber „wegen begangener Misse-

that das Leben verwürckht haben möchte", sollte seit 1580 vom ganzen Senat verurteilt werden. Die Professoren konnten die letzte Verantwortung delegieren und die Akten samt Urteil dem Kurfürsten zur Entscheidung schicken.

Ein Jahrhundert später, zwanzig Jahre, nachdem Kurfürst Karl Ludwig die im Dreißigjährigen Krieg geschlossene Universität 1652 wieder eröffnet hatte, erging eine neue Verfügung: Das Universitätsgericht bestand nur noch aus fünf Mitgliedern, zwei Juristen und je einem Mitglied der anderen Fakultäten, wobei der Rektor als einer der Fachvertreter gesetzt war.

Das 18. Jahrhundert brachte noch keine Aufhebung der universitären Gerichtsprivilegien. Kurfürst Karl Theodor bestätigte sie 1746. Universitätsangehörige durften jetzt Außenstehende ohne Rücksicht auf die für diese zuständige erste Instanz sofort bei der Regierung oder dem Hofgericht belangen. Das war ein Stück Machtgewinn des Landesherren. Der Kommandant zu Heidelberg sollte Soldaten für die Verhaftung und Verfolgung von Sündern stellen. Gab es keine Garnison in der Neckarstadt, musste der Stadtrat unentgeltlich die nötigen Stadtwächter einsetzen.

Aus dem Jahre 1774 stammt eine Beschreibung der Universitätsverfassung, die Aufschlüsse über die Gerichtswirklichkeit gibt. Der Senat hatte seit längerer Zeit das Universitätsgericht in der Praxis verdrängt. Ihm stand also die erste Instanz in Zivil- und Kriminalsachen der Universitätsangehörigen zu. Es waren offensichtlich die praktischen Bedürfnisse, der Wunsch nach einfacherer Handhabung, die hier die Feder geführt hatten. Für die Orte und Höfe, die zur Universität gehörten, waren die Beamten der Hohen Schulen zuständig. Der Senat fungierte als Berufungsinstanz. Bei Streitsachen über 50 Gulden war eine Appellation an das Hofgericht möglich. Die vielen Feinheiten sollen hier nicht weiter interessieren. Wer einmal Vorschriften des 18. Jahrhunderts studiert hat, fragt sich, was in jenen Zeiten nicht reglementiert war. Geld- und Leibesstrafen drohten denen, die am Tage im Neckar badeten, Schlittenfahrten oder Bälle mit Masken veranstalteten. Karl Theodor legte 1746 unter anderem fest, dass die Studenten nicht zu häufig fahren, reiten oder jagen durften, dass Bälle, Schauspiele und andere Lustbarkeiten durch den Senat zu genehmigen waren. Sehr genau waren die Vorschriften, wenn es ums Geld ging. Da heißt es in der Verordnung zu den Schulden vom 11. November 1774, dass kein Student ohne Erlaubnis der Eltern oder Vormünder etwas verpfänden oder verkaufen dürfe für „Sachen die lediglich zur Wollust und Üppigkeit gehören, als Caffee, Thee, Chocolat, gebrannte Wässer, Essen und Trinken auf Spaziergängen, Billard, Pferd, Chaisen, Capriolet und Schlitten, Miethgeld und alle Gattungen von Galanteriewaren". Wenigstens für Vorlesungen, Wohnungen, Kleidung bis 20 Gulden, Perückenmacher sowie Schneider, Schuster und Wäscher durfte gepumpt werden. Schuldenmachen war eines der Laster der Zeit. Darum gab es beispielsweise in Erfurt und Marburg spezielle Schulden-Karzer.

Aus dem Jahre 1777 erfahren wir, dass der Rektor Schlittenfahrten mit Masken untersagte. Das Verbot richtete sich gegen Lustbarkeiten von Professoren der juristischen Fakultät. Ein Jahr zuvor bat die städtische Polizei die Universität, das Baden in der Öffentlichkeit ebenfalls zu verbieten. Um die Jahrhundertwende sorgte sich der Senat wieder einmal um die Gesundheit der Studenten, erneuerte das Duellverbot, votierte gegen „allerlei Gattungen von Getränken und übertriebenes tanzen". Dagegen standen Nützlichkeitserwägungen: ohne Studenten keine Universität, kein Profit für die Stadtbevölkerung. Darum war eine milde Strafpraxis nicht nur in der Kurpfalz üblich. Sogar Mord wurde mit Geldstrafen gebüßt. Für Diebstähle gab es nur Relegationen, also den Verweis, doch auch damit drohte man lieber, als sie wirklich auszusprechen. Die Studenten sahen diese Praxis bald als Normalität an. Unter akademischer Freiheit verstanden viele recht rohen, aber entschuldbaren jugendlichen Übermut. Gegen die Entartung der Sitten wollten die Preußen in Halle am Ende des 18. Jahrhunderts mit Prügelstrafen, ja Hinrichtungen vorgehen. Durchsetzbar war das nicht. Zivil- und Strafklagen legten die Universitäten bewusst einseitig aus. Disziplin und innere Ordnung standen im Vordergrund. Das musste die Öffentlichkeit verärgern.

Zurück an den Neckar. Dem Senat, Ende des 18. Jahrhunderts allein für Streitereien der Heidelberger mit Studenten um Kost- oder Quartiergeld zuständig, stand ein Jurist zur Seite. Kleinere Verbrechen (Disziplinarvergehen?) konnte der Rektor allein aburteilen. Im Nachtrag zu den Statuten aus dem Jahre 1786 wurde ausdrücklich festgelegt, dass nur bei Todesurteilen die Akten dem Kurfürsten zur Prüfung übersandt werden mussten. Bei Disziplinar- und Kriminalsachen gab es keine Berufung. Für die Untertanen galten andere Bestimmungen, sie hatten weiter gehende Möglichkeiten, ein Urteil anzufechten.

Nach dem Frieden von Lunéville 1801 behielt Frankreich das linke Rheinufer. Ein Jahr später unterzeichnete Maximilian Josef, Kurfürst von Pfalz-Bayern, das Abtretungspatent, mit dem die rechtsrheinische Pfalz an Baden fiel. Die Universität wurde, wie ihre Schwestern in ganz Deutschland, eine Staatsanstalt mit geringer Autonomie. Immerhin fiel Heidelberg nicht dem großen Universitätensterben jener Jahre zum Opfer, teilte nicht das Schicksal solch berühmter Hochschulen wie der Universität Altdorf, die geschlossen wurde, oder der von Frankfurt an der Oder, die mit der neu gegründeten Breslauer Universität vereinigt wurde. Die Hohe Schule in Heidelberg überlebte durch Zuwendungen des badischen Kurfürsten Karl Friedrich, der für sich und seine Nachfolger das Rektorat übernahm. Der ihn vertretende

Prorektor blieb Vorsitzender des akademischen Gerichts.

Die Jurisdiktion wurde rasch neu geregelt. Das entsprach allgemeiner Praxis, die ganz wesentlich durch aus Frankreich kommendes, bürgerliches Gedankengut bestimmt wurde. Nunmehr gab es keine umfassende Gerichtsbarkeit der Hohen Schulen mehr. Nur in Polizeisachen unterstanden die akademischen Lehrer, ausgenommen die Privatdozenten, dem aus Prorektor, den zwei jüngsten Lehrern der Juristenfakultät und dem Syndikus als Gerichtsschreiber bestehenden Universitätsgericht. Sonst war das Hofgericht in Mannheim zuständig. Buchdrucker, Buchbinder usw. schieden rechtlich gesehen aus der Hochschule aus. Für sie war jetzt das Stadtgericht verantwortlich. In der Zivilgerichtsbarkeit bestand eine Berufungsmöglichkeit nur beim Oberhofgericht. Disziplinarsachen entschied der Prorektor allein nach Hinzuziehung des Syndikus. Mit der verbleibenden Zuständigkeit in Polizeisachen über die Nicht-Studenten war Heidelberg geradezu reaktionär. Denn die akademischen Lehrer wurden anderenorts aus der Gerichtsbarkeit der Universitäten herausgenommen.

Im Jahre 1805 trat der neun Mitglieder starke Engere Senat oder Ausschuss an die Stelle des früheren Senats. Das bedeutete eine Vereinfachung und stärkte die Stellung der Dekane, die dem Gremium zusammen mit dem Rektor und den beiden Beisitzern des akademischen Gerichts angehörten und damit gegenüber den übrigen Professoren herausgehoben wurden.

Schon fünf Jahre später wurde das Akademische Gericht aufgehoben. An seine Stelle trat ein außerhalb der Universität stehender staatlicher Richter, der Universitätsamtmann. Ein derart weit reichender Autonomieverlust war in der damaligen Zeit ohne Beispiel. Zwar verloren auch Preußens Hohe Schulen mit Gründung der Berliner Universität am 10. Oktober 1810 bereits die volle Zivil- und Kriminalgerichtsbarkeit. Allerdings verblieb in Preußen die Rechtsprechung über alle Vergehen, für die nur Gefängnisstrafen bis zu vier Wochen vorgeschrieben waren, und natürlich auch die eigentlichen Disziplinarangelegenheiten bei den Universitäten selbst.

In der Neckarstadt dagegen verlor die Hochschule 1810 die korporative Disziplinargerichtsbarkeit und die Polizeigewalt über die Studenten. Die Regierung misstraute den Orden und Verbindungen. Man fürchtete sicher allzu milde Reaktionen der Professoren auf patriotische studentische Proteste gegen den offiziellen franzosenfreundlichen Kurs. Die Ausführungsbestimmungen waren aber so, dass sie auf den privilegierten Stand der Studierenden Rücksicht nahmen. Am 4. Juni 1810 landeten 18 Studiosi wegen des Verbots gerade entstandener Verbindungen im akademischen Kerker. Sie hatten die Corps Curonia, Rhenania, Vandalia, Suevia und Hannoverana gegründet. Chargierte der Vanda-

lia wurden sogar auf die Festung Dilsberg geschickt. Die Folge waren Unruhen. Studenten zogen vor die Häuser einiger Professoren und des Kommissars der Regierung, schmähten sie mit dem Ruf „Pereat" („er möge zugrunde gehen") und warfen ihnen die Fensterscheiben ein. Der Universitätsamtmann relegierte 44 Studenten.

Im Herbst 1810 fand der Heidelberger Ausnahmezustand ein Ende. Die Universität bekam die volle Disziplinar- und Polizeigerichtsbarkeit zurück. Jetzt verfügte die Hohe Schule rechtlich nur noch über die Studenten. Alle anderen Universitätsangehörigen unterstanden seit 1809 den ordentlichen Gerichten. Das war eine Wirkung der bürgerlichen Reformen im Rheinbund: Alle Menschen sollten vor dem Gesetz gleich sein. Die Studiosi sah man aber immer noch als nicht völlig erwachsen an. Diese Auffassung hatte auch ein Jahrhundert später noch viele Anhänger. Die Professoren vertraten gewissermaßen die Eltern, wachten über Fleiß und Sittlichkeit. Diese Aufgabe kam speziell auch dem 1805 gegründeten Ephorat zu, einer Behörde, die nach den Universitätsstatuten die moralische Aufsicht über „Lebenswandel und die Bildung zu Sittlichkeit und Wohlanständigkeit" führte. Allerdings waren ihre realen Befugnisse gering: Das Ephorat konnte nur Ermahnungen aussprechen oder Übeltäter dem Senat melden.

In den „Polizey- und Disziplinargesetzen für die Akademiker" des Jahres 1810 ist genau verzeichnet, wofür man in den Karzer zu wandern hatte. Die Heidelberger Verhältnisse waren jetzt mit denen im übrigen Deutschland vergleichbar. Damals galten als Disziplinarsachen auch alle Real- und Verbalinjurien, besonders auch „Duelle auf Hieb, sofern das Duell nicht Tod, tödliche Verwundung oder beträchtliche Verstümmelung nach sich zieht, in welchen Fällen die Hofgerichtliche Gerichtsbarkeit eintritt". Welche Bedeutung in den ersten Jahrzehnten des 19. Jahrhunderts das Duellwesen besaß, belegen die detaillierten Bestimmungen. Mit dem Verursacher musste sich auf jeden Fall der Senat befassen. Der sollte nämlich 14 Tage Kerker aufgebrummt bekommen. Für Versöhnungsversuche wurden vier Tage erlassen. Ein Zuschauer erhielt drei Tage. Maximal acht bekamen der Besitzer des Duellzimmers und der Wundarzt.

Mit Haft im Universitätsgefängnis bedrohten die Bestimmungen Hazardspieler und die Verbreiter von Ehrloserklärungen, sofern diese auf die Nichtannahme von Herausforderungen zurückgingen. Karzer drohte zudem den Mitgliedern von Orden und Landsmannschaften sowie nicht angemeldeten geselligen Vereinen. Auch wenn unberechtigt Kokarden oder Uniformen getragen wurden, wartete der Kerker auf die Bösewichter. In öffentlichen Häusern musste man hingegen schon dreimal nach der Polizeistunde erwischt werden, ehe man in den Karzer wanderte. „Unmäßigkeiten und lärmendes Betragen, grobe Trunkenheit auf öffent-lichen Straßen" wurden mit Haftstrafen bedroht. Im Wiederholungsfall sollte die Universität schärfer vorgehen. Amüsant ist Paragraf 38: „Das Amt hat aufmerksam zu seyn, daß Gesellschaften nicht in Trinkgelage ausarten." Die Paragrafen des Jahres 1810 belegen, was damals noch üblich war: Fenster einwerfen beim Prorektor und dem Universitätsamtmann, Beleidigung oder Widerstand gegen Universitätsbedienstete, Gottesdienststörung sowie Schlittenfahrten während der Gottesdienste.

STUDENTENUNRUHEN UND POLITISCHE VERFOLGUNG

Der Universitätsamtmann entschied in allen bürgerlichen Rechtssachen der Studierenden in erster Instanz und führte in Kriminalfällen die Untersuchung. Die Entscheidung lag in den Händen des Hofgerichts. In einfachen Fällen konnte der Universitätsamtmann bis zu zehn Tage Karzer und 15 Gulden Geldstrafe aussprechen. Schwerere Fälle entschied der Engere Senat, dem der Amtmann angehörte. Er war hauptamtlich, mit Ausnahme der Jahre 1850 bis 1855. Auf Grundlage der Karlsbader Beschlüsse von 1819 verfolgten die deutschen Bundesstaaten die studentischen Verbindungen, besonders die Burschenschaften, rigoros. Dem Ziel, die Moral zu wahren, fügten sie ein neues Moment hinzu: politisches Wohlverhalten. Das fand seinen Niederschlag in den Akademischen Gesetzen für die Badi-

Ob es wirklich so war, bleibt dahingestellt. So sahen Zeitgenossen ihren 14-tägigen Aufenthalt (Carzer-Leiden in Kiel) im Jahre 1836.

schen Landesuniversitäten des Jahres 1821, die das Amt des außerordentlichen Regierungskommissars festschrieben. Ab Mitte der 1820er Jahre drohte Verbin-

dungsangehörigen Festungshaft. Gerichtsverfassung und Verfahrensrecht wurden kaum verändert. Allerdings durfte der Kurator bei Disziplinarverhandlungen des Senats zugegen sein. Die meisten Hochschullehrer neigten, nicht nur in Heidelberg, zu einer milderen Sicht auf die Verbindungsstudenten.

Bürgerliches Gedankengut artikulierten zur gleichen Zeit Kommilitonen der Neckarstadt. Ihr Ansinnen auf Abschaffung der akademischen Gerichtsbarkeit wurde 1831 in der Petitionskommission und der zweiten Ständekammer diskutiert. Doch war die Zeit dafür im Deutschen Bund noch nicht reif.

Drei Jahre vor dieser Initiative erschütterte ein anderer Vorgang die Universität. Der Anlass war aus heutiger Sicht nichtig. Die Korporierten waren mit den Vereinsstatuten der Museumsgesellschaft nicht einverstanden. Der Streit eskalierte; die Korporationen erklärten die Gesellschaft für ehrlos und untersagten ihren Mitgliedern jeden Verkehr mit Angehörigen der Museumsgesellschaft. Das war der „Verruf", die schlimmste Sanktion, die Korporationen auch gegenüber Außenstehenden verhängen konnten. Die Universität nahm das nicht hin, Karzerstrafen wurden verhängt, die Delinquenten von Kommilitonen aus dem Karzer befreit. Die Auseinandersetzung erreichte ihren Höhepunkt, als die Studenten die Stadt Heidelberg verließen und nach Frankenthal auszogen; erst nach Erfüllung ihrer Bedingungen kehrten sie zurück. Die Geschichte zeigt, dass auch in dieser politisch bewegten, von den gegen liberale Geister gerichteten „Demagogenverfolgungen" geprägten Zeit auch ganz unpoliti-

sche Vorgänge für Aufsehen sorgten und der Obrigkeit ihre Grenzen zeigten.

Schon in der ersten Hälfte des 19. Jahrhunderts wurden wiederholt Studierende auch in anderen Gefängnissen als dem Karzer oder auf dem Dilsberg verwahrt. 1830 durfte ein Corpsstudent, der nicht im gleichen Hause mit einem Dieb sitzen wollte, ins bürgerliche Gefängnis. Vier Jahre später beschwerten sich die Corps, dass einer der Ihren eine vom Gericht zuerkannte Strafe nicht auf dem Karzer, sondern im als Gefängnis dienenden Mannheimer Tor absitzen sollte. Dies ist schon erstaunlich, wenn man die Zeitumstände bedenkt: Nach dem gescheiterten Revolutionsversuch vom 3. April 1833, als deutsche Burschenschafter, Corpsstudenten und polnische Patrioten die Frankfurter Hauptwache und die Konstablerwache stürmten, setzte eine scharfe Verfolgung aller Korporierten ein. In eben diesem Jahr trat denn auch eine sehr strenge Karzerordnung in Kraft. Offenbar tolerierten die akademischen Behörden unpolitische Vereinigungen weiterhin, sofern sie nicht anderweitig hervortraten. Eine ähnliche Praxis gab es auch an anderen Hochschulen.

Eine Flucht aus dem akademischen Gefängnis scheint recht selten gewesen zu sein. Während der zweiten Demagogenverfolgungswelle ereignete sich so ein Fall. Am 19. Oktober 1833 meldeten die Gazetten: „Heidelberg. Der dahier wegen burschenschaftlichen staatsgefährlichen Umtrieben eingesessene Student

Adolph Barth aus Wiesbaden ist gestern Nacht halb 10 Uhr mittelst Ueberlistung und Ueberwältigung des Carcerdienstpersonals aus seinem Verhafte entsprungen." Barth blieb unauffindbar. Am 28. Dezember 1835(!) wurde er zu zehn Jahren Zuchthaus verurteilt. Gleichzeitig wiederholten die Behörden die Bitte um Fahndung. Offenbar vergeblich.

Es war das gleiche Jahr, in dem die selbstständige Disziplinarstrafgewalt des Amtmannes erweitert wurde. Nur Consilium abeundi und Relegation blieben alleinige Sache des Senats. Der Staat reagierte damit offenbar auf das aus seiner Sicht zu milde Verhalten der Professoren während der zweiten Demagogenverfolgungswelle nach dem Frankfurter Wachensturm. Am 14. November 1834 hatte der Deutsche Bund beschlossen, die Immatrikulationen von einer Vorprüfung abhängig zu machen. Jeder Student musste sich verpflichten, keiner burschenschaftlichen Verbindung beizutreten. Eigentlich sollte den Hohen Schulen nur noch die Disziplinargewalt bleiben, aber diese Bestimmung

Das älteste Heidelberger Mensurbild von 1827 zeigt eine Paukerei zwischen Corpsstudenten und Burschenschaftern. Es wurde von Daniel Fohr gemalt. Bei dieser Mensur waren erstmals Mützen statt Hüte erlaubt.

blieb ohne größere Wirkung. Freiburg und Heidelberg waren hier im deutschen Vergleich mit den neuen Bestimmungen Ausnahmen.

Nach der 1848er Revolution, die die außerordentlichen Regierungsbevollmächtigten beseitigte, gab es keine großen politischen Verfolgungen mehr. Durch Reformen nahmen die Behörden den Radikalen die schlimmsten Angriffspunkte. Und der Niedergang der Universitätsgerichtsbarkeit setzte sich fort.

Im sächsischen Leipzig wurde die akademische Gerichtsbarkeit aufgehoben. Hessen und Preußen kündigten das an. Die im Revolutionsjahr in Jena tagende Versammlung deutscher Hochschullehrer forderte nur noch die Aufrechterhaltung der Disziplinargerichte. In deren Zuständigkeit sollten allerdings auch Beleidigungen, Duelle und Schulden gehören. Sie gingen in dieser Sache also nicht wesentlich über die schon bestehenden preußischen Bestimmungen hinaus. Aber: Studenten sollten an der Gerichtsverhandlung beteiligt werden. Im Statutenentwurf der Würzburger Universität war ein Disziplinargericht mit drei Studenten vorgesehen.

Die Disziplinargerichtsbarkeit wurde auch auf dem Zweiten Wartburgfest, das im Revolutionsjahr 1848 Vertreter praktisch aller studentischen Gruppen zusammenbrachte, diskutiert. Unter dem Eindruck der „Demagogen"-Schnüffelei, der diese Gerichtsbarkeit

Im Karzer lebte es sich lustig. Rauchen, Briefe schreiben und Studieren waren möglich. Zumindest wenn man dieser Kieler Darstellung von 1838 glaubt.

gedient hatte, forderten die Sprecher der Studierenden ihre Aufhebung. Während der Beratungen erhoben die restaurativen Kräfte noch einmal ihre Stimme. In der Deutschen Universitätszeitung heißt es, dass beispielsweise in Halle die Mehrheit der Studenten und Professoren keine Änderung wollte. Nur Königsberg forderte konsequent die Aufhebung der akademischen Gerichtsbarkeit in ihrer Gesamtheit, da nur so die Gleichheit aller vor dem Gesetz erreicht werden könne. Heidelbergs Universitätsamtmann von Hillern sprach sich eindeutig für eine besondere akademische Gerichtsbarkeit aus. Nur so werde man der Vielgestaltigkeit des Lebens gerecht.

Nach der Revolution war das tägliche Leben immer weniger politisiert, und trotz aller anfänglichen Rückschritte bildete sich allmählich der liberale Rechtsstaat heraus. Gefängnisstrafen für Studenten wurden jetzt vor allem wegen Unfug im weitesten Sinne ausgesprochen, kaum mehr wegen politischer Vergehen oder illegaler Vereinsgründungen. 1852 hagelte es in Heidelberg Karzerstrafen. Die Ursache waren Streitereien zwischen den Corps und einer kurzlebigen schwarzen Verbindung, die dem Universitätsgericht angezeigt worden waren. Der Karzer war überfüllt. An dessen Stelle musste teilweise sogar der ehrenwörtliche Stubenarrest treten. In der Augustinergasse soll es recht gemütlich und feuchtfröhlich zugegangen sein. In Karlsruhe war man deshalb gar nicht begeistert. Die

Universität musste sich rechtfertigen, reichte zu diesem Zweck sogar eine Statistik ein. Demnach saßen im Wintersemester 1851/52 29 Studenten wegen elf recht harmloser Vergehen im Karzer. Die Universität stellte in einem langen Schreiben fest, dass es normalerweise keinen Grund zur Klage über die Studenten gebe. Eine besondere Universitätspolizei werde nicht benötigt, weil die Studenten gegenüber den Pedellen folgsam seien.

Anfang der 1860er Jahre griffen die Reformkräfte in Baden die während der Revolution geäußerten Vorschläge wieder auf. Während es aber in Breslau (1862), Göttingen (1867) und Berlin (1867) die Studenten waren, die das Ende des speziellen Hochschulrechts forderten, ging in Baden die Initiative zur Aufhebung der noch verbliebenen Sondergerichtsbarkeit vor allem von oben, von der Regierung, aus. Auf dem 6. Deutschen Juristentag im Jahre 1865 unterstützte der Heidelberger Universitätsamtmann Courtin allerdings als einer von zwei Gutachtern die Forderung nach Beibehaltung der Disziplinar- und bestimmter Polizeibefugnisse der Universität. Dazu gehörte die Ahndung leichter Duelle und Injurien der Studenten untereinander. Er begründete seine Forderung mit der besonderen Stellung der Studenten, ihrer einmaligen Ungebundenheit und der gleichartigen Lebensumstände einer großen Gruppe. Daraus resultierten Übermut und Frohsinn, den man nicht zu streng strafen dürfe. Dazu komme die historisch gewachsene Studentenehre. Die Universität müsse außerdem auch gegen normalerweise nicht strafbare Handlungen vorgehen können. Nach Courtins Meinung mussten Beleidigungen an der Universität auch dann geahndet werden, wenn der Geschädigte keine Anzeige erstattet hatte – anders als im staatlichen Recht, wo Beleidigung damals wie heute kein Offizialdelikt war. Auch der Umgang mit „liederlichen Frauenzimmern" und Verrufserklärungen waren zu ahnden, und schließlich seien die Verbindungen einer besonderen Aufsicht zu unterwerfen. Strafen waren nach Ansicht des Amtmanns im Karzer zu vollziehen, damit die Studenten nicht in den Gefängnissen mit „der Hefe der Bevölkerung" zusammenkämen. Besondere Kreditgesetze sollte es nach Courtins Ansicht nur noch für Minderjährige geben.

Nach eingehender Debatte entschieden sich die Juristen einstimmig gegen eine akademische Gerichtsbarkeit in Zivilsachen; bei Schulden sollte die Universität Vermittler sein. Man einigte sich mehrheitlich auf die Formulierung: „Gesondert von der ordentlichen Strafgesetzbarkeit des Staates und damit konkurrierend bedürfen die Universitäten einer eigenen Ordnung der Strafgewalt zur Aufrechterhaltung der Ehre, Ordnung und Sitte des Studentenlebens. Diese Ordnung ist durch die Gesetze zu begrenzen, durch das Universitätsstatut zu regeln und durch den Rektor und Senat zu handhaben."

DAS ENDE DER STUDENTENPRIVILEGIEN

Ein Jahr später, nach dem Krieg von 1866, befassten sich die Heidelberger Studenten mit der akademischen Gerichtsbarkeit. Die Corps wandten sich mit der Bitte um Bewahrung an den Senat, die Regierung in Karlsruhe und die badische Kammer. Der Brief lag beim Oberpedell zur Unterschrift aus und wurde auch von Nicht-Korporierten unterzeichnet. Die Gegenpartei verfasste ebenfalls Petitionen. Sie war erfolgreicher. Am 20. Februar 1868 wurde die akademische Gerichtsbarkeit in Baden aufgehoben. Ein Jahr früher beschränkte Preußen bei seinen Neuerwerbungen Kiel und Marburg die Gerichtsbarkeit auf die Disziplin über die Studierenden ohne die Reste von Polizei- und Strafrecht. Dies bedeutete das Ende eines Stücks der alten Universität.

Einzig und allein im mecklenburgischen Rostock blieb in jener Zeit im wörtlichen Sinn alles beim Alten. Das betraf aber vor allem die Hochschullehrer. Für die Studenten hatte Rostock – im Gegensatz zu Mecklenburgs „reaktionärem" Ruf – schon Jahrzehnte früher vergleichsweise moderne Disziplinarstatuten. Sie waren erstmals bereits 1837 zusammenhängend publiziert worden und beschränkten sich auf die Disziplin und die zahlreichen Unterstellungsverhältnisse der Studenten. Allerdings antworteten die Herren von der Küste in der Regel nicht auf Anfragen, sodass sie in der früheren Literatur gar nicht oder schlecht wegkommen.

Nach der Mensur gab es im Flickzimmer in der Hirschgasse für den Paukarzt Dr. Immisch (Mitte) viel zu tun (Foto von 1886).

Für Baden und damit auch für die Universität Heidelberg erließ das Ministerium im März 1868 das „Gesetz über die Rechtsverhältnisse der Studirenden in Baden". Mit ihm wurden die Studenten den allgemeinen Landesgesetzen unterworfen. 1877, also nach der Gründung des Deutschen Reiches, stellte eine Kommission der Universität Rostock, die die eigenen Disziplinarstatuten überarbeiten sollte, einen Vergleich der Rechtsverhältnisse an: Sie ordnete die badischen Universitäten mit denen von Bayern, Basel und Zürich sowie der Universität Marburg in eine Gruppe. All diese Hochschulen besaßen noch die volle Disziplinargewalt mit Karzer- und Geldstrafen. Die geringsten Befugnisse hatten Straßburg, Berlin und die österreichischen Universitäten, die nur noch einige Disziplinarstrafen verhängen durften. So konnten Verweise ausgesprochen werden, und im äußersten Fall konnte ein Student von der Universität ausgeschlossen werden (Relegation).

Auch das Disziplinaruniversitätsamt gab es seit 1868 in Heidelberg nicht mehr. Prorektor, Engerer Senat und der vom Ministerium aus den Polizeibeamten des Großherzoglichen Bezirksamtes ausgewählte akademische Disziplinarbeamte übernahmen jetzt dessen Funktion. Die Hohe Schule nahm ihre Erziehungsfunktion dem Geist der Zeit entsprechend zurück. So absolut war die Aufhebung der akademischen Gerichtsbarkeit nicht gemeint. Der Charakter der Hochschule als Ausbildungsstätte von staatstragenden Schichten blieb gewahrt. Bei Ehrenkränkungen konnte man sich vor dem Disziplinargericht verantworten. Vereins- und Versammlungsrecht blieben im Kaiserreich für die Studenten eingeschränkt.

Bei der Universität verblieb die Disziplinargerichtsbarkeit. Der Begriff der Disziplin war an Hoch-

schulen weiter gefasst, als man gemeinhin glauben könnte. Auch Tätlichkeiten untereinander galten als Disziplinarvergehen und nicht als Straftaten. Der Amtmann führte in Heidelberg die Untersuchung und erkannte auf die Strafe. Dazu gehörte eine maximal achttägige Karzerhaft. Bei schwereren Vergehen war der Engere Senat zuständig; ihm gehörte der Disziplinarbeamte an. Möglich war u. a. ein Freiheitsentzug von maximal vier Wochen. Die schwerste Strafe, die Aufkündigung des akademischen Bürgerrechts, konnte nur erfolgen, wenn das Vergehen eine „gemeine Gesinnung oder niedrige Bosheit" verriet. Berufungsinstanz war der Engere Senat ohne den Disziplinarbeamten. Zuletzt konnte noch das Ministerium eingeschaltet werden. Allerdings rächten sich die Herren Hochschullehrer auf ihre Weise für den Verlust an Autonomie. Dem Disziplinarbeamten bereiteten die Sitzungen im Senat wenig Freude. Eine Durchsicht der Akten zeigt, dass die Rechtsprofessoren sehr gern anderer Meinung waren und zumeist den Beifall der anderen Hochschullehrer fanden. Das könnte ein Grund dafür sein, dass die Disziplinarbeamten häufig wechselten.

Im neuen Deutschen Reich bestand für die Heidelberger zunächst keine Notwendigkeit, Veränderungen einzuführen. Sie hatten das Gerichtsverfassungsgesetz von 1877 vorweggenommen, das die privilegierten Gerichtsstände mit Ausnahme der militärischen aufhob. Es trat am 1. Oktober 1879 in Kraft. Den Hochschulen blieb die Verantwortung für die Wahrung der Disziplin. Durch die Polizeifunktionen der Pedellen, die Möglichkeit, zu Haftstrafen zu verurteilen, und die weitherzige Auslegung des Begriffs Disziplin, insbesondere in Sachen „Duelle und Schulden machen", blieben Reste der alten Sondergerichtsbarkeit erhalten. Einbezogen wurde eine Aufsicht über die studentischen Vereine. Das Privileg der Disziplinargerichtsbarkeit bedeutete also auch ein Stück Einschränkung und Bevormundung. Durch die ständige Berufung auf Sitte und Ordnung, schuldige Achtung und derlei wurde das noch unterstrichen. Der linke Sozialdemokrat und spätere Kommunist Karl Liebknecht, der Sohn des bekannten Corpsstudenten Wilhelm Liebknecht, hat vor dem preußischen Landtag darum von politischer Entmündigung gesprochen, verbunden mit Randalierfreiheit namentlich für Corpsstudenten. Er verlangte als Jurist ein normales bürgerliches Strafverfahren auch für Studenten, zum Beispiel in seinen Reden am 25. Juni 1909 und am 13. Juni 1910.

Keinesfalls bedeutete das Gerichtsverfassungsgesetz eine Vereinheitlichung in den deutschen Ländern. Gerade was die Karzerstrafe betraf, gab es wichtige Unterschiede. Preußen verfügte per Gesetz vom 29. Mai 1879 eine maximale Karzerstrafe von zwei Wochen. Das Gesetz ließ einige Schlupflöcher. Universitätsgerichten konnten freiwillige Aufgaben übertragen werden. Die sich daraus ergebenden Möglichkeiten, in der Praxis die neue Gesetzlichkeit zu umgehen, nutzte

kein deutscher Staat voll aus. Im Gegensatz zu Baden konnten Rektoren preußischer Universitäten auch Karzerstrafen aussprechen und an der Tierärztlichen Hochschule Hannover sogar jeder Professor. Die Technischen Hochschulen, die zum größten Teil erst im 19. Jahrhundert entstanden, durften in Baden und Württemberg Kerkerstrafen verhängen, nicht aber in Preußen, Sachsen und Braunschweig. Ausnahmen wie die sächsische Bergakademie Freiberg bestätigen die Regel. Die neue Reichsuniversität Straßburg und Gießen verzichteten auf die Karzerhaft. Der Freistaat Thüringen – und damit dessen Universität Jena – führte die Karzerhaft dagegen nach zweijähriger Abstinenz wieder ein und ließ auch die Verbüßung von Freiheitsstrafen bis zu sechs Wochen wieder zu. In der Disziplinarrechtsprechung blieben im Allgemeinen Reste früherer Zeiten bestehen. Sie fußten auf der Gewohnheit und den besonderen Befugnissen der Pedellen.

Das badische Gesetz über die Rechtsverhältnisse der Studierenden vom 23. Dezember 1871 bestimmte, dass der Beleidigte bei Ehrenkränkungen statt gerichtlicher eine disziplinarische Bestrafung des Beleidigers beantragen sollte. Ausdrücklich wurde festgelegt, dass genauere Vorschriften zur akademischen Disziplin und dem Verfahren eine Verordnung regeln sollte. Paragraf 5 des Gesetzes von 1871 bestimmt als einzige Disziplinarstrafe ausdrücklich die „Einsperrung im Universitätsgefängnisse (Karzer) bis auf 4 Wochen".

Eine Paukerei bei Vater Ditteney in Heidelberg. Originalzeichnung von H. Lüders.

Auch als um die Jahrhundertwende die Einweisung in die „fidelen Gefängnisse" in Deutschland immer mehr in Misskredit geriet, hielten die Heidelberger an ihr fest. Sie waren im deutschen Vergleich streng und

Vater Ditteney (in der Tür), der Wirt der „Hirschgasse", unterbricht eine „verbotene Paukerei" zwischen den Corps Guestphalia und Saxo-Borussia. Die Darstellung stammt aus dem Festband der Corps zur 500-Jahr-Feier 1886.

sperrten die Studenten häufiger und länger für das gleiche Vergehen ein. Am 10. März 1908 erließ das Großherzogliche Staatsministerium neue „Vorschriften über das akademische Bürgerrecht, die akademische Disziplin und den Besuch der Vorlesungen durch Nichtakademiker". Ordnung, Sitte und Ehre sollten durch diese Bestimmungen gewahrt werden. Dann werden zehn Punkte aufgezählt, wie die Anwesenheit auf Duellplätzen, Hazardspiele, Trunkenheit und grobe Unsittlichkeit. Am Grundanliegen der akademischen Gesetzgebung wurde also nichts verändert. „Ungehorsam" und „Verletzung an den akademischen Behörden und Lehrern schuldigen Achtung" blieben darum strafbar, ebenso wie sonst nicht auftretende Vergehen wie Verrufserklärungen oder das Abreißen von Aushängen. Im Verfahren orientierte man sich an der Strafprozessordnung.

Die Karzerhaft mit einer Höchstgrenze von vier Wochen blieb bestehen. Kollegbesuch war für die Inhaftierten möglich. Dieses Privileg wurde häufig missbraucht und minderte den Wert des Erziehungsmittels. Androhung der Ausschließung von der Hochschule und die Ausschließung selbst konnten mit Karzerstrafen verbunden werden. Wer sich dem Prorektor gegenüber „ungebührlich" benahm, durfte von diesem für höchstens 48 Stunden ohne Einspruchsrecht in den Kerker gesteckt werden. Der Disziplinarbeamte konnte die Studenten zu acht Tagen Karzer verurteilen. Dagegen war innerhalb der gleichen Frist Einspruch möglich. Dann musste der Engere Senat entscheiden – ebenso wie bei schwereren Vergehen. Dieses Gremium hatte seit 1871 die gesamte wissenschaftliche, technische und ökonomische Leitung der Universität inne, und es stand in seinem Ermessen, für wie lange es den Übeltäter verurteilte. Über die Strafhöhe entschied die einfache Stimmenmehrheit. Berufungen gegen das Urteil waren beim Großen Senat und dann beim Ministerium möglich. Auch eine Beugehaft war vorgesehen, falls der Angeklagte Aussage oder Eid verweigerte. Die Untersuchungsführung stand dem Disziplinarbeamten zu. Kein Reichsgesetz bestimmte die Strafanstalt für Übeltäter. So war es in Preußen normal, dass nach Antrag wegen Duells Verurteilte nicht auf der Festung, sondern im Karzer saßen.

Statt Aufkündigung des akademischen Bürgerrechts war in Heidelberg nun auch die Relegation möglich, also der dauerhafte Ausschluss vom Studium überhaupt, den es anderswo schon lange gab. Eine Wiederaufnahme blieb nach erfolgter Verurteilung aber möglich.

DIE LETZTEN KARZERHÄFTLINGE

Um die Jahrhundertwende mehrten sich auch in Hochschul- und Ministeriumskreisen die Stimmen gegen die studentische Haft in einem besonderen Gefängnis. Da-

Kein Geringerer als der Hoffotograf Schulze lichtete das blutige Nachspiel einer Mensur im Sommersemester 1903 ab.

für gab es mehrere Gründe: aufwändige Karzereinführungen von Korporierten, die Nutzung des akademischen Gefängnisses im Fremdenverkehr, aber auch die Kritik der Arbeiterbewegung. Der Bonner Rektor Zitelmann regte 1903 auf einem Treffen der Magnifizenzen des Reiches die Aufhebung der Karzerhaft an, jedoch kam die Sache nicht einmal auf die Tagesordnung. Die Zusammenkunft der Vertreter deutscher und österreichischer Kultusministerien im Jahre 1907 befasste sich ebenfalls mit der Karzerhaft. Thüringen regte die

Aufhebung an, doch auch das blieb ohne Folgen. Das wichtigste Hochschulland Preußen stellte sich auf den Standpunkt, dass die Karzerhaft unentbehrlich sei, um jugendlichen Leichtsinn nicht „unverhältnismäßig streng" zu bestrafen. So hatten schon 1879 Mitglieder des Herrenhauses argumentiert.

Die öffentliche Kritik ließ aber nicht nach; vor allem die sozusagen im Karzer unterrepräsentierten Freistudenten brachten sie zum Ausdruck. So verlor die akademische Gefängnisstrafe überall in den letzten Jah-

Im Kaiserreich wurde der Einzug eines Mitglieds (hier der Burschenschaft Frankonia) häufig ganz groß mit einem Umzug gefeiert.

ren vor dem Ersten Weltkrieg an Bedeutung. Die beiden letzten Heidelberger Karzerhäftlinge saßen im Februar 1914 ein, wie aus dem für die Abrechnung der Gebühren eingerichteten Karzerbuch hervorgeht. Dabei hatte sich das Disziplinarrecht nicht verändert, auch nicht durch die Bildung eines Ministeriums des Kultus und des Unterrichts drei Jahre zuvor.

Nach dem Ersten Weltkrieg erwarteten viele Zeitgenossen, dass die Reste mittelalterlicher Privilegien durch die Umwälzungen nach der Niederlage Deutschlands fortgespült würden. An den Universitäten aber kam es tatsächlich nur zu Änderungen im Disziplinarrecht – und in den Ländern Preußen, Sachsen und Mecklenburg blieb es sogar aus unterschiedlichen Gründen bei den rechtlichen Verhältnissen der Vorkriegszeit.

In Baden wurden die Landesuniversitäten Freiburg und Heidelberg in die Vorbereitung der Veränderungen einbezogen. Gutachter aus dem Breisgau sprachen sich für einen Fortbestand der Karzerstrafe aus, und zwar unter anderem mit dem schon vor 1914 geäußerten Argument, dass ein Zwischenglied zwischen Consilium abeundi und Verweis fehle. Heidelbergs Juristen und der Freiburger Disziplinarbeamte sahen in der Kerkerhaft dagegen eine bedenkliche Verletzung der Würde der Studenten.

Ergebnis der Beratungen waren die akademischen Vorschriften für die Badischen Universitäten zu Heidelberg und Freiburg, die am 9. April 1920 in Kraft tra-

ten. Hier kommt die Karzerstrafe nicht mehr vor. Die Seiten 9 bis 14 befassen sich mit der akademischen Disziplin. Sie sollte, so heißt es im Paragraf 25, „Ordnung, Sitte und Ehre des akademischen Lebens" aufrechterhalten. Nichts anderes war der Kern der akademischen Gerichtsbarkeit im Mittelalter. Da ist es logisch, dass eine gerichtliche oder polizeiliche Bestrafung eine Disziplinarmaßnahme nicht ausschloss. Auch das vorgeschriebene Verfahren bis zur Androhung der Zwangshaft bei Verweigerung eidesstattlicher Aussagen erinnert an „richtige" Gerichtsverfahren. In Karlsruhe wurde die 1852 begonnene Akte zur Handhabung der Disziplin bis 1940 geführt. Rektor, Senat, akademischer Disziplinarbeamter und Disziplinargericht wurden für die Aufrechterhaltung der Ordnung verantwortlich gemacht. Glücksspiele, Ehrenkränkungen, „Erregung von Ärgernis durch Unsittlichkeit oder Trunkenheit, die Anwesenheit auf Duellplätzen bei beabsichtigtem, begonnenem oder vollzogenem Zweikampf" blieben unter Strafe. Dazu kamen Ungehorsam gegen Behörden der Universität und des Staates, Verletzungen des Anstands und der nur aus der Niederlage im Ersten Weltkrieg verständliche Paragraf 5: „Verletzung nationalen oder sozialen Empfindens durch herausforderndes Betragen in der Öffentlichkeit".

Strafen wurden nunmehr durch ein Disziplinargericht verhängt. Dort hatten zwei Studierende als Beisitzer und vier als Stellvertreter einen Sitz. Damit wurde eine Forderung der 1848er Revolution verwirklicht. Als Untersuchungsrichter und Staatsanwalt fungierte der Disziplinarbeamte. Statt der Karzerstrafen konnten jetzt Geldbußen verhängt werden; schärfere Sanktionen waren die Ausschließung von der Universität oder deren Androhung. Die Relegation blieb an die Voraussetzung einer gerichtlichen Verurteilung, die „eine gemeine Gesinnung oder niedrige Bosheit verrät", gebunden. Berufungsinstanz war weiterhin das Unterrichtsministerium.

In ganz Deutschland sprachen sich Studenten und Professoren zwar in ihrer überwiegenden Mehrheit für eine Reform des studentischen Strafwesens aus. Davon gingen auch die Besucher des 1. Deutschen Studententages 1919 und der Gründungsversammlung des Verbandes der Deutschen Hochschulen im Jahr 1920 aus. An eine Aufhebung der Disziplinargesetzgebung an sich dachten sie nicht, sondern an eine Anpassung an die allgemein üblichen Verfahrensweisen mit unabhängigen Richtern, Verteidigung und Berufungsmöglichkeiten. Für die Studenten stand die Beteiligung am Verfahren und der Rechtsprechung erneut im Mittelpunkt. Trotz verbriefter Freiheit der Wissenschaft gab es in der Weimarer Republik aber keine radikale Reform im Sinne der Selbstverwaltungsautonomie; im Kern blieb der schon traditionelle Kompromiss zwischen staatlicher Anstalt und autonomer Körperschaft erhalten. Grundsätzliche Kritik an diesen universitären Rechtsverhält-

nissen wurde in den späten Jahren dieser deutschen Demokratie nicht mehr laut. Thematisiert wurden wiederum Nebensächlichkeiten wie die Haftstrafen im hochschuleigenen Kerker. Sie waren in Baden ja längst nicht mehr vorgesehen – aber damit nahm dieses Land in Deutschland eine Ausnahmestellung ein. 1923 war Kiel zwar bei einer Umfrage die einzige deutsche Universität, die für eine Beibehaltung der Karzerhaft plädierte. Doch in einer parlamentarischen Demokratie lässt sich ein neues Gesetz nicht immer leicht erarbeiten und verabschieden. In Jena gab es neue Statuten erst 1931. Sie sahen keine Karzerhaft mehr vor. Preußens Koalition aus SPD, Zentrum und DDP beziehungsweise Staatspartei werkelte an einem neuen Hochschulgesetz – ohne Karzerhaft – bis 1932. Als es dann verabschiedet werden sollte, hatte die SPD-geführte Regierung mit Kultusminister Adolf Grimme (SPD) keine Mehrheit mehr. In Heidelberg hatte sich das „fidele Gefängnis" zu dieser Zeit bereits zu einer Fremdenverkehrsattraktion entwickelt, die mit Führern besichtigt wurde.

Reichseinheitlich erfolgte die Aufhebung der Karzerhaft erst am 1. April 1935. Entgegen landläufigen Vorstellungen war das nicht nur ein formeller Akt. Disziplinarstrafen waren noch in den letzten Jahren der Weimarer Republik verhängt worden, als sich Hochschulkrawalle häuften. Die Hochschulsenate wollten die Polizei damals meist so lange wie möglich heraushalten, weil sie eine weitere Eskalation der Auseinandersetzungen fürchteten. Lieber versuchten sie es mit Verweisen, Relegationen, Versammlungsverboten. Sowohl in Preußen als auch in Sachsen sprachen die Universitätsbehörden bis 1931 bzw. 1934 auch Karzerstrafen aus. Zum Beispiel in Greifswald: Dort wurde der NS-Studentenführer Gerhard Krüger wegen Wahlkampfausschreitungen zu Karzerhaft verurteilt, saß allerdings im Stadtgefängnis ein, weil der Karzer nicht mehr zur Verfügung stand.

Mit der nationalsozialistischen „Strafordnung für Studenten, Hörer und studentische Vereinigungen" von 1935 wurde die Hochschuldisziplin erneut Sklavin staatlicher Machtpolitik. Mit lockerem Studentenleben hatte man wenig im Sinn. Daher wurde sogar darüber debattiert, den Karzer als Symbol alter akademischer Freiheit Gästen der Hochschule nicht mehr zu zeigen. Die Ehrenstrafen wurden am Schwarzen Brett veröffentlicht. Erst mit dem Hochschulrahmengesetz fand der letzte Rest akademischer Gerichtsbarkeit sein Ende.

ZUR GESCHICHTE DER KARZERRÄUME –

AUCH EINE KRANKHEITS-GESCHICHTE

Der Heidelberger Karzer hat im Laufe der Zeit mehrfach seinen Standort gewechselt. Lange Jahre gab es einen gemeinsamen Bürger- und Studentengewahrsam im Brücken- und Hexenturm. Die Zustände in diesen Gefängnissen müssen sehr schlecht gewesen sein. Angeblich ließen sich die Studenten lieber relegieren, als hier einzusitzen. Wie unangenehm die Haft war, zeigt der Fall des Kaspar Flamingius oder Flaminius. Er saß 1534 wegen Schulden und Fluchtverdachts. Dem Übeltäter sollen wegen der Feuchtigkeit die Kleider vom Leibe und die Schuhe von den Füßen gefault sein.

Lange bemühte sich die Universität vergeblich um eine Verbesserung. 1467 beantragte sie, einen eigenen Kerker bei der Bibliothek der Artistenschule einzurichten. Der Vorstoß blieb folgenlos. Auch als Kurfürst Friedrich I. sieben Jahre später das so genannte Slotkopfsche Haus erwarb, erhielt die Universität dort nicht den erhofften neuen Karzer. Erst Mitte des 16. Jahrhunderts wurde ein eigenes Universitätsgefängnis errichtet. Der Beschluss datiert vom 12. August 1545, und der Standort war an der Südwestecke des Lindenplatzes, im Untergeschoss eines verfallenen Hauses. Kurfürst Friedrich II. hatte den Bau aus Anlass eines Streites zwischen Hofgesinde und Studenten verlangt. Auch in der Artistenschule befand sich inzwischen ein Kerker.

Neben dem Karzerhäuschen am Lindenplatz gab es seit der Erbauung des Casimirianums 1588 bis 1591 sogar drei weitere Arrestzellen. Möglicherweise sind sie mit denen unter dem Treppenpodest der Alten Universität identisch. Decken und Wände sind mit Namen, Malereien und Daten versehen. Eine stabile Holztür aus dem 18. Jahrhundert verschließt die niedrigen und engen Räume. Da waren die Haftumstände sicher weniger hart als zu Zeiten des armen Kaspar Flamingius, aber immer noch wenig gemütlich.

In Zeiten der Aufklärung wurde nicht nur in Heidelberg, sondern überall in Deutschland immer wieder über die schlechten hygienischen Zustände in den Karzern geklagt. Als im Jahr 1733 ein Rechtsstreit zwischen der Universität und Ernst Coblitz um den hinteren Grundstücksteil des Anwesens Augustinergasse 2 in der Neckarstadt begann, argumentierte die Hohe Schule mit der notwendigen Einrichtung von „Gefängnissen". Verschiedene Projekte zu einem Karzerneubau in den Jahren 1775, 1777 und 1778 scheiterten an mangelnden finanziellen Mitteln. Dabei hatten Mediziner 1775 amtlich festgestellt, dass Nässe und Kälte unvermeidlich zu gesundheitlichen Schäden führten.

Neun Jahre danach konnte die Universität das strittige Grundstück am Casimiriangäßlein erwerben. 1786 baute Maurermeister Martin Brurein unter Leitung Professor Traitteurs im Zuge von Umbauarbeiten im Universitätshauptgebäude einen Verbindungsgang in das 1733 bis 1736 errichtete Coblitzsche Wohnhaus.

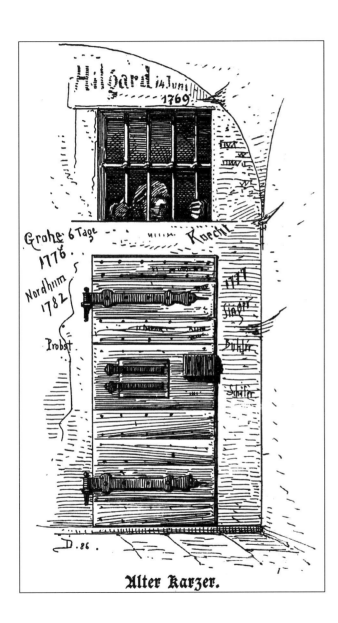

Alter Karzer.

Seitdem befindet sich der Karzer auf dem gleichen Grundstück, der heutigen Augustinergasse 2.

Das Ergebnis der Umbauarbeiten im früheren Coblitzschen Haus zeigt ein Plan aus dem Jahre 1804. Im Erdgeschoss befand sich unter anderem eine Pedellenwohnung. Der Pedell sorgte für die Häftlinge und kassierte die Miete. Der Karzer selbst lag noch nicht wie heute im Obergeschoss dieses Hauses, sondern in einem westlich vom Treppenhaus gelegenen Anbau, und zwar im Erd- und ersten Obergeschoss. Eisenstangen vor verkleinerten Fenstern sollten eine Flucht aus dem oberen, später offenbar noch geteilten Raum verhindern. Zwischen Alter Universität und „Pedellenhaus" wurde ein Verbindungsgang gebaut, der in veränderter Form noch heute besteht. Die Raumaufteilung blieb ebenfalls im Wesentlichen erhalten. Auch diese Karzer waren der Gesundheit der Insassen eher abträglich, wie eine Eingabe des Oberpedellen Peter Krings aus dem Jahre 1806 belegt, in der er sich für neue Räume einsetzte.

Die Planungen für den Umbau dreier und den Bau zweier neuer Karzerräume waren, wie es im Protokoll der Universitäts-Bau-Commission vom 30. März 1806 heißt, bereits „höchsten Orts gebilligt". Zur Vorberei-

Der frühere Karzer, die Darstellung stammt von 1886, war nur sparsam verziert.

tung untersuchte der Werkmeister Schäfer das Dach über dem Senatszimmer. Er schlug vor, hier die beiden neuen Karzer zu bauen. Für den Umbau hob man die Straßenseite des Satteldachs an und baute ein zweites Obergeschoss mit einer heute mit Schiefer verkleideten Fachwerkwand. Neben vier Karzerräumen gab es ein Knechtzimmer.

Wirklich gesunde und sichere Kerker entstanden dabei nicht, wie die Diskussionen der folgenden Jahre belegen. Im Erdgeschoss sind noch heute Inschriften aus dem 18. Jahrhundert zu finden. Einer dieser beiden Kerker hatte kein Licht und ist sehr klein. Er war für die Verbüßung verschärfter Haft bestimmt. Ganz schlimm kann es nicht gewesen sein. So war es, wie der Fall des Studenten Massert zeigte, offenbar üblich, durch das Toilettenfenster Ausgang zu nehmen und unerlaubt Besuch zu empfangen.

Diese Karzerräume reichten angesichts steigender Verurteilungszahlen nach 1810 ohnehin nicht mehr aus. Sogar das Wohnzimmer des Oberpedellen wurde als Arrestzelle genutzt. Er durfte jetzt das so genannte „Winter Senat Zimmer" als Schlafzimmer nutzen. Dieser wohl schönste Raum des Coblitzschen Hauses verfügt noch heute über eine Stuckdecke aus dem Jahre 1736. Im Laufe des 19. Jahrhunderts wurde wegen der Raumnot die Feste Dilsberg bei Neckarsteinach weiter als Gefängnis genutzt, und zwar für wegen politischer Vergehen verurteilte Kommilitonen.

1820 legte Werkmeister Heller eine Planung für fünf neue Karzer, inklusive eines besonders gesicherten „Criminalcarcers", vor. Dafür sollte im Hof ein zweigeschossiger Anbau für 3000 Gulden errichtet werden. Das Projekt wurde nie verwirklicht. Der Zustand blieb wenig erfreulich. Als der „Stadtphysikat" 1822 die Räume untersuchte, stellte er fest, dass sie wie Taubenschläge unter dem Dach lagen. Die Fenster schlossen schlecht, unterm Gesims war ein deutlicher Spalt. Von Sicherheit konnte keine Rede sein. 1823 werden fünf Karzerräume genannt, ein „Criminal-Carcer" fehlte aber weiterhin. 1823 beginnt eine lange Diskussion um den Neubau. Die Großherzogliche Regierung verweigerte den von der Universität geforderten Zuschuss mit der Begründung, dass der Bau allein aus der Dotierung für den Haushaltsposten Universitätsgericht zu bestreiten sei. Seit 1810, so das Finanzministerium, übe die Hohe Schule die Gerichtsbarkeit im Namen des Staates aus und erhalte dafür das nötige Geld. Als 1825 der Student Lüder ausbrach, erinnerte Karlsruhe an die Weisung, dass die Universität auf eigene Kosten einen „Kriminal-Karzer" bauen sollte. Der Kurator verwies nun darauf, dass die „Separation eines Sicherheitskarzers" längst erfolgt sei. Ein richtiges Kriminalgefängnis sah Kreisdirektor Fröhlich nicht als dringlich an, da der Sicherheitskarzer ausreiche, „wenn die Pedellen ihre Schuldigkeit tun wollen". Damit ruhte die Angelegenheit, bis die Diskussion nach dem Frankfurter Wachensturm des

Jahres 1833 und der Flucht Adolph Barths erneut auf-flammte. Der Vorschlag, städtische Gefängnisse zu nut-zen, schmeckte der Universität nicht. Sie legte neue Bau-pläne vor und verwies auf den schlechten Zustand der städtischen Kerker. Deren Notwendigkeit wurde im Prinzip anerkannt. Es gab auch Vorschläge zur Abhilfe, zum Beispiel eine Umwandlung der großen Zimmer des Oberpedellen Ritter in feste Karzer. Aber nichts davon wurde ausgeführt, denn es fehlte an Geld.

Das Innenministerium ließ wahlweise jetzt das Absitzen von Strafen wegen „peinlicher", also straf-rechtlich bedeutsamer Vergehen im Amtsgefängnis zu. Während der 1848er Revolution wurde der Kurator an-gewiesen, die Karzer in Ordnung zu bringen. Die Dis-kussion hörte in den Folgejahren nicht auf. Wenigstens wurden 1869 die Fenster vergittert und 1873 die modrig riechenden Matratzen ausgetauscht. Die Universität stellte 1882 fest, dass „der ganze hiesige Carcer" seit langem nicht mehr renoviert worden war und in „so wenig einladender Verfassung" sei, dass die Studenten um den Strafvollzug im Amtsgefängnis baten.

Nicht besonders reichlich waren die Karzer in der ersten Hälfte des 19. Jahrhunderts ausgestattet. Die Zeichnung von Rudolf Haym zeigt das Hallenser Studentengefängnis 1841. So ähnlich dürfte es um diese Zeit auch in Heidelberg ausgesehen haben.

Die Solitude vor den Veränderungen 1885/86. Sie wurde zur 500-Jahr-Feier wegen ihrer Malereien und der Fotos in der Tür gerühmt.

Das Palais Royal um 1910 mit zwei (!) Betten.

Die Dichtkünste der Studenten erlangten schon früh Kultwert und wurden in einem Band zusammengefasst.

Jubiläen sind immer ein guter Grund, Mittel zu bekommen. Die 500-Jahr-Feier stand vor der Tür und die Pläne für neue Räume lagen ja eigentlich bereits in der Schublade. Mit insgesamt fast 11 000 Mark, einem Drittel mehr als geplant, wurden Veränderungen am Treppenhaus finanziert. Es bestand aus Holz und entsprach nicht mehr den aktuellen Sicherheitsbestimmungen. Das neue Treppenhaus wurde massiv errichtet, das erste Obergeschoss des Anbaus erneuert, ein weiteres Geschoss daraufgesetzt. Auch ein enger, so genannter russischer Kamin kam hinzu. Schon damals sah man die Wandmalereien als kulturhistorisch wertvoll an. Um sie nicht zu zerstören, führten die Bauleute den neuen Kamin im alten Schacht hoch. Eine Holzremise westlich des Anbaus musste wegen einer neuen Abortanlage versetzt werden.

1886 war der Umbau beendet. Zwei eiserne Bettgestelle, Seegrasmatratzen, Tische, Stühle, Nachttöpfe und Spucknäpfe wurden angeschafft. Vier der insgesamt sechs Karzerräume befinden sich seitdem in der Dachmansarde. Die Räume tragen fantasievolle Bezeichnungen, deren Tradition noch gar nicht so alt ist. Aus der Mitte der 60er-Jahre des 19. Jahrhunderts sind die Namen Solitude (der Raum war klein und eng), Palais Royal (mit zwei Betten), Hotel Bellevue (Blick zu einem Teil des Schlosses) und Vivat nox (fast ganz dunkel) überliefert.

Palais Royal und Solitude gibt es immer noch. Die Namen Sans Souci und Villa Trall („Trall" bedeutet in der Studentensprache Unsinn, scherzhafte Unternehmung) traten an die Stelle von Hotel Bellevue und Vivat nox. Beim Umbau hinzugekommen ist der S.C.-Raum im westlich vom Treppenhaus gelegenen Anbau. Der sechste Raum befand sich direkt darunter im ersten Obergeschoss über der Küche.

Nach Aufhebung der Karzerstrafe im Jahre 1920 wurde zunächst nichts an den Räumen verändert. Alfred Bienengräber spricht in dem monumentalen Werk „Das akademische Deutschland" von 1930/31 davon, dass die Ausstattung an sich schon Denkmalswert besitze. Immerhin stammen fast alle Fenster und Türen noch aus der ersten Hälfte des 19. Jahrhunderts, und vielleicht auch die beiden hölzernen Betten. Auf einem Tisch und einem Stuhl sind die Jahreszahlen 1860 und 1868 eingeschnitzt und sogar die Jahreszahl 1827 ist auf einer der Türen zu lesen. Besonderen Wert besitzen die reich verzierten gusseisernen Öfen.

In der Villa Trall war am Ende der Karzernutzung jede Fläche mit Malereien bedeckt.

Schon damals hatten die Besucher dem Karzer zugesetzt, doch erst 1958 führte ein Restaurator erste denkmalpflegerische Untersuchungen durch. Er legte auch einige Malereien in der Villa Trall frei. 1968 erfolgten durchgreifende Renovierungsarbeiten. Karzermalereien und Inschriften wurden behandelt, kleinere Schäden ausgebessert und Eintragungen von Besuchern entfernt. Eine geringfügige Veränderung an der Decke ließ sich bei den Zimmermannsarbeiten nicht vermeiden. Sonst orientierte man sich aber am historischen Vorbild; und das in einer Zeit, wo zumindest die Studentenmehrheit mit solcherart Universitätsgeschichte wenig anzufangen wusste. Auf eine elektrische Beleuchtung in den Räumen verzichtete man.

1983 wurden die Malereien gesichtet, teilweise retuschiert und gesichert. Most und Zelluloseleim dienten als Festiger. Kerzenruß und Rebschwarz, ein durch Verkohlung organischer Substanzen, z. B. Rebstöcke, gewonnener Farbstoff, verwendete man für die Silhouetten, blieb also auch hier ganz dem historischen Vorbild verpflichtet. Teilweise, so an den Türen, wurden Glasscheiben angebracht. Seitdem verwehren Gitter den direkten Zugang in die Räume – eine Reaktion auf Zerstörungen durch neuzeitliche Besucher. Auch

Der Heidelberger Karzer ist und bleibt eine Fremdenverkehrsattraktion. Im November 1958 besuchte ihn die Begum Aga Khan.

die Japaner sahen sich in der Pflicht: Etwa ein Zehntel der Karzerbesucher kam aus Japan. Heidelbergs Universitäts-Pressesprecher Dr. Michael Schwarz erhielt damals einen Brief seines Amtskollegen von der Nippon-Universität. Dieser fühlte sich durch die Kritzeleien seiner Landsleute beschämt und spendete ein paar tausend Mark für die Restaurierung. Dabei stellte sich heraus, dass die Japaner keine anrüchigen Sprüche, sondern nur Liebesschwüre, Namen und Orte hinterließen.

Zwei Jahrzehnte später könnte eine erneute Restaurierung nicht schaden. Seit dem Jahr 1983 hat es aber nur noch eine wesentliche Änderung gegeben: 1994 wurde der Aufgang durch Seile abgeschirmt. Immerhin kommen jährlich über 20 000 Besucher in die Augustinergasse.

Auszug
aus
der Carzer-Ordnung vom 30. August 1836.

§. 8.

Dem Inarcerirten ist es nur gestattet, sich die
Lebensbedürfnisse als ein Bett und die erforder-
nde Kleidung in den Carzer bringen zu lass.

§. 9.

Das Tabackrauchen ist im Carzer in der Reg
gestattet und kann nur als Ausnahme auf ein
von dem Rector und Universitätsrichter unter.

§. 10.

Der Genuß geistiger Getränke ist in soweit

IN ALTEN
KARZERORDNUNGEN
GEBLÄTTERT

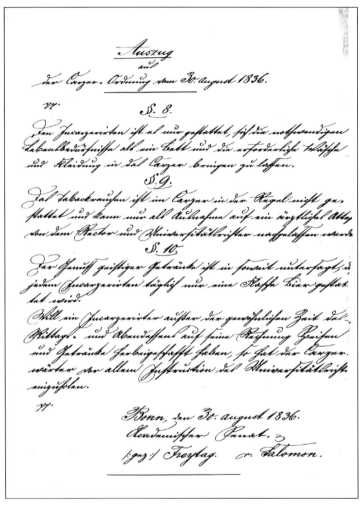

Auszug aus der Karzerordnung vom 30. August 1836. Laut Paragraf 9 war Rauchen nur mit ärztlichem Attest und Erlaubnis von Rektor und Universitätsrichter gestattet.

Im Jahr 1805 erhielt die Universität neue Statuten, durch die die Verfassung von 1786 ersetzt wurde. In diesem Umfeld kam es auch zu einer Neuregelung der Karzerhaft. Wenn es auf der großen Ebene um die Auseinandersetzung zwischen den Befürwortern neuhumanistischer Konzeptionen und den Anhängern der alten Zeit, der Unterrichtsanstalt, ging, so ist davon im Karzer wenig zu merken. 1807 beschrieben die Professoren die Strafpraxis in einem Brief an den Landesherrn, der Ausgang und Besuche verboten hatte. Demnach war es üblich, Kollegien zu besuchen, damit kein Semester verloren ging. Freigänge waren erlaubt, wenn sie für die Gesundheit nötig waren oder die Haft sehr lang war. Auch Besuche im Karzer bedurften der Genehmigung. Genaue Festlegungen gab es nicht, die Einzelheiten lagen im Ermessen des Prorektors.

Die Flucht Adolph Barths, der wegen der Teilnahme am Frankfurter Wachensturm 1833 einsaß, führte zu einer extremen Verschärfung der Haftbedingungen nicht nur im Sicherheitskarzer. Kategorisch hatte der Innenminister ein ausbruchsicheres Gefängnis für Burschenschafter gefordert. Jeder Besuch und Freigang für Kollegien waren untersagt. Bei Strafe der sofortigen Entlassung durfte der Pedell sozusagen kein Auge von den Häftlingen lassen. Essensversorgung durch Restaurateure war nicht mehr gestattet. Nur Wäsche, Kleidung und Bett konnte sich der Häftling bringen lassen. Drei Jahre später wurde alles wieder etwas moderner geregelt.

Nur bei Vorlage eines ärztlichen Attests war das Rauchen erlaubt; die Karzerordnung untersagte Teer und Nikotin 1836 in der Regel aber ausdrücklich. Mit dem Tabak gab es ohnehin immer wieder Probleme. 1804 hatte das Verbot des Rauchens beim Passieren der Wache sogar zu einem Auszug der Studenten geführt.

Täglich erhielten die Häftlinge eine Flasche Bier, Speisen und Getränke außerhalb der „gewöhnlichen Zeiten" nur mit Genehmigung. Acht Jahre später wurden Essen und Trinken ganz genau geregelt, die erlaubte Biermenge verdoppelt und eine halbe Flasche Wein gebilligt. Aber nur drei Mahlzeiten waren gestattet, und zwar zum Frühstück Milch, Tee oder Kaffee sowie ein bis zwei Milchbrote mit Butter. Das Mittagessen durfte sich der Delinquent durch den Hausdiener eines nahe gelegenen Restaurants oder seinen eigenen Aufwärter bringen lassen. Wenn der Universitätsrichter ein ganz liberaler war, konnte er auch eine Freistunde gestatten. Frühstück und Abendbrot mussten die Studenten im Karzer zu sich nehmen. Nur der Hausdiener der Hohen Schule durfte es besorgen. Was es abends gab? Eine deftige Trinkgrundlage war nicht zugelassen. Außer zwei Tassen Tee mit Milch erlaubte die Karzerordnung zwei bis drei Butterschnitten mit kaltem Fleisch oder Käse.

1844 ging es laut Karzerordnung wenig üppig zu. Nach Paragraf 19 waren zum Abendessen nur zwei bis drei Butterschnitten mit Fleisch oder Käse und zwei Tassen Tee mit Milch erlaubt.

Rum, Arrak, Branntwein, Punsch, Grog – überhaupt die scharfen Sachen – konnten die Kommilitonen nur heimlich trinken. Bier und Wein wurden gestrichen, wenn geschärfter Karzer ausgesprochen wurde. Auch die nicht gerade üppigen Mahlzeiten wurden in diesem Fall abgespeckt. Freistunden sollten seltener sein.

Die 1853 genehmigte Karzerordnung sah eine unbegrenzte Untersuchungshaft vor. Dabei durften die Studiosi außer den „Sachen für den notwendigen Lebensbedarf" auch solche fürs Studium mitbringen. Drei Mahlzeiten waren erlaubt. Was sie aßen, blieb jetzt den Häftlingen überlassen, die sich nunmehr einen Schoppen Wein und zwei Flaschen Bier täglich genehmigen durften. Neun Stunden sollte der junge Mann ruhen, von 22 bis 7 Uhr blieb das Licht aus. Besuch gab es nur mit Erlaubnis des Universitätsamtes, und – auch das ein Stück Zeitgeschichte – von 7 bis 8 Uhr konnten die Studenten ihre Lohnbediensteten empfangen. Unwirksam dürften auch damals die Bestimmungen zur Erhaltung von Inventar und weißen Wänden geblieben sein. Für mutwillige Beschädigung und Verunreinigung sollte es eigentlich Arrest, sprich Haftverlängerung, geben.

Schon fünfzehn Jahre später, also im Jahre 1868, als die besondere akademische Gerichtsbarkeit aufgehoben wurde, erging ein Erlass von geradezu „enormer" Strenge. Zwar war ein eigenes Bett erlaubt, aber nunmehr waren geistige Getränke nicht nur rationiert, sondern verboten. Vorlesungsbesuche bedurften beson-

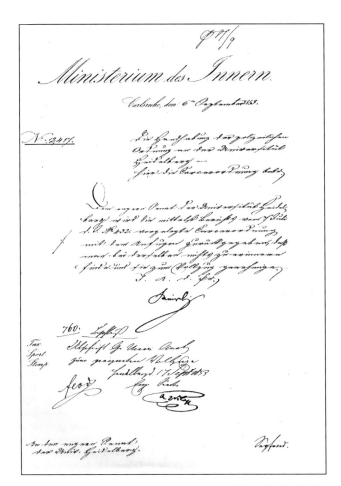

Ohne das Ministerium des Innern in Karlsruhe lief es 1853 nicht. Schließlich ging es bei der Karzerordnung um die „Handhabung der polizeilichen Ordnung der Universität Heidelberg".

derer Erlaubnis. Die Behörden sahen sich außerdem zu der Festlegung veranlasst, dass die Delinquenten nach Möglichkeit ihre Strafe allein in einem Raum verbüßen sollten. Zumindest abends, glaubt man den Erinnerungen, stand diese Forderung aber nur auf dem Papier. Und dass es Alkoholschmuggel gab, bedarf sicher keiner besonderen Betonung. Eine Akte vom Februar 1869 berichtet, dass die Verbindung Allemannia an zwei Tagen hintereinander „geistige Getränke" per „Scheuergefäß" um Mitternacht zu einem Häftling hinaufbeförderte. Das war der Anlass, die Fenster zu vergittern. Auch die Professoren dachten darüber nach, ob diese Strenge tatsächlich angemessen war. Was nutzt eine Verordnung, die im Leben nicht durchsetzbar ist?

Ein „abgeschlossener Raum" im Amtsgefängnis fungierte nicht nur 1884 vorübergehend als Karzer.

DIE PEDELLE

Seit ihrer Gründung hatte die Heidelberger Universität Diener, jeweils einen oder auch mehrere zu gleicher Zeit, die unter anderem als Boten arbeiteten. Sie wurden als Famuli (Diener) oder Cursores (Läufer) bezeichnet oder aber als Bedellus/Bidellus – ein Wort, das eine erstaunliche sprachgeschichtliche Entwicklung genommen hat: Das spätlateinische Wort *bidellus* geht auf das althochdeutsche *pital* zurück, von dem wiederum die gängige Bezeichnung Büttel für den Häscher oder Gerichtsboten abgeleitet ist. Dieses latinisierte deutsche Wort wurde später als Pedell wieder eingedeutscht. Im niederdeutsch geprägten Rostock lautete der Titel übrigens noch in der Kaiserzeit Bidell.

Die Pedelle versahen als Diener der Hohen Schule die akademische Polizei. Außerdem waren sie sozusagen Sekretäre. Im Mittelalter waren die Pedelle wie die Magister und Scholaren Genossen der Universiät, wurden aus ihren Kreisen gewählt. So erwarb der Heidelberger Pedell Johannes Sybolt de Bacharach, der schon Magister war, 1489 den Grad eines Baccalaureus. Theoretisch hätte er später Rektor werden können. Auch Anfang des 17. Jahrhunderts hatte sich die Situation nicht geändert. So erhielt der Pedell Wolfgang Konrad Ingram 1609 den akademischen Grad eines außerordentlichen Magisters.

Nachdem die Heidelberger Hohe Schule ein Gefängnis eingerichtet hatte, wurde auch ein Pedell für den Karzer verantwortlich gemacht. 1558 legte Kurfürst Ottheinrich fest, dass neben den Pedellen oder Senatsdienern auch andere „Knechter des weltlichen Arms die Verwürcker und Übertreter zu greifen" hätten. Genaue Bestimmungen zum Karzer fehlen, obwohl es einen längeren Paragrafen „von des Rectors pedellen" gibt. Der „gemeine dihner" war danach auch für die Bibliothek und die Reinigung von Auditorien zuständig. Im 18. und bis ins 19. Jahrhundert hinein war der studentische Spitzname der Pedellen in ganz Deutschland Pudel. Eigentlich sollten die Universitätsdiener streng durchgreifen und die Disziplin wahren. Wie sie sich wirklich verhielten, war eine sehr persönliche Angelegenheit. Aber nur sehr wenige Universitätsdiener waren regelrechte Schleifer. Immer wieder wird auch von Bestechungsgeldern berichtet.

Während der Aufklärungszeit wurde das Universitätsrecht nicht nur in Heidelberg reformiert und genauer definiert. Kurfürst Karl Theodor bestimmte 1786 genau, wie sich ein Pedell zu verhalten hatte. Da steht unter anderem zu lesen, dass er „unsittiges Betragen, Schwärmereien und sonstigen Tumult unter den Akademikern sofort anzeigen sollte". Paragraf 11 lautet: „(wo ihm) befohlen wurde, jemand in den academischen Kerker oder sonstige Gewahrsam zu bringen, hat er solchen fleißig zu beobachten und zu sorgen, damit ein solcher nicht entkomme, und darum hat (er) wegen Verwahrung, Schlösser und anderen Umständen, wie in gleichen über das Betragen des Arrestirten dem Rector zeitige Anzeige zu thun". Die Pedelle, 1786 waren es zwei, kassierten Examens- und Promotionsgelder, besorgten Botengänge, nahmen die Bewerbungen für Immatrikulation oder Zeugnisse entgegen. Bei akademischen Festakten waren sie unentbehrlich.

Bereits 1807 war es Usus, dass der Erste Pedell für die Verwahrung der Häftlinge zuständig war. Der hatte aber den ganzen Tag andere Aufgaben zu erledigen, und daher war die Magd des Universitätsdieners die eigentliche Chefin des Kerkers. Sicher nicht zu Unrecht mutmaßten die Hochschullehrer, dass Gesetzesübertretungen unvermeidlich seien. Daher hatte der Zweite Pedell bereits seit 1805 eine Wohnung in der Augustinergasse erhalten. Er war für die Bibliothek verantwortlich, musste daher das Haus am Tage nicht verlassen und konnte somit besser aufpassen. Ein besonderer Karzerwärter war nicht bezahlbar. Neben den beiden (Ober-)Pedellen verfügte die Hohe Schule 1818 über neun Unterpedelle.

Oberpedell Franz Ritter, der zu Zeiten der Demagogenverfolgung in Heidelberg für die Häftlinge verantwortlich war, muss ein harter Mann gewesen sein – jedenfalls gab es Anfang des 19. Jahrhunderts diverse Beschwerden über ihn. Am 8. März 1823 schrieb der Universitätsamtmann an den Senat: „Mit welcher Bosheit die gegen Studirende erkannten Carcerstrafen vollzogen worden sind und welcher strafbaren Willkürlichkeit sich dabei der damit beauftragte Oberpedell Ritter

erlaubt, ist hinlänglich bekannt. Die wichtigste Ursache liegt in dem Abgang einer Karzerordnung und in der unzweckmäßigen Einrichtung des Karzers selbst."

Die Corps berichten in ihrer Festschrift zur 500-Jahr-Feier, dass 1826 die Pedelle Bauer und Mayer reich wurden. Sie hätten immer wieder das beschlagnahmte Paukzeug gegen schweres Geld herausgerückt. Es heißt sogar, dass die akademischen Polizeibeamten regelmäßig vom S.C. finanziell unterstützt wurden, damit sie nicht Mensuren anzeigen mussten. Nicht immer hatte dieses Vorgehen Erfolg. 1830 nahm ein „Pudel" Bestechungsgelder an und denunzierte trotzdem die Beteiligten an Mensuren. Er wurde wegen Meineidverdachts und vieler studentischer Beschwerden 1832 entlassen.

Den einst so harten Oberpedell Franz Ritter aber sahen die Studenten später in ganz anderem Licht. Vielleicht ist es auch nur die Erinnerung, die sein Bild verklärt. Glaubt man jedenfalls der Darstellung in dem 1886 erschienen Band „Heidelberger Studentenleben einst und jetzt", so war der Oberpedell, ein großer und beleibter Mann, schon 1820 allgemein geachtet und beliebt und genoss Respekt bei den Studenten.

Für ihn brachen 1833 schwierige Zeiten an. Nach dem Frankfurter Wachensturm in jenem Jahr verfügten die Behörden nicht nur eine extrem strenge Karzerordnung. Auf Kosten Ritters, übrigens nur einer von drei Oberpedellen jener Jahre, wurde Unterpedell Betrath für Bewachung des und Bedienung im Karzer eingestellt. Ritter protestierte vergeblich wegen mangelnder eigener finanzieller Mittel und entschuldigte sich für seine unzureichende Strenge mit Alter und Krankheit. Schon 1830 war amtlich verfügt worden, dass der Verantwortliche für den Karzer als Gefängniswärter einzuweisen und zu verpflichten sei. Ritter dürfte den neuen Bestimmungen kaum gewachsen gewesen sein. Paragraf 10 der Karzerordnung von 1833 bestimmte: „Bei Strafe der Entlassung darf dieser Carcer-Wärter den Inkarzerierten nichts überbringen und über die allein stattfindende Übergabe von Büchern und Wäsche ist vorher Anfrage beim Amt zu veranstalten, welchem letzteren überhaupt die Polizei über die Carcer zusteht."

Oberpedell Ritter feierte im Sommer 1834 sein 25-jähriges Amtsjubiläum. Das war den Studenten Anlass zu einer feierlichen Nachtmusik. Sie brachten ein donnerndes Hoch aus. Ritter wurden dreißig Flaschen guten Weins geschenkt. Ein Motiv für diese wilde Feier wird wohl auch gewesen sein, dass die Studenten so eine freie Nacht gewährt bekamen, also die Ausdehnung der Kneipe über die Polizeistunde um 23 Uhr hinaus.

1854 wurden in ruhigeren Zeiten die Befugnisse der Pedellen im Verhältnis zu den Gendarmen nach vorheriger Anfrage in Berlin (!) neu geregelt und ihre Bedeutung als akademische Polizei gestärkt. Anlass waren Vorfälle im Jahre 1852, bei denen es sogar zu Wortgefechten zwischen Oberpedellen und der Stadtwache kam, die Studenten mit Kolbenschlägen attackiert haben soll. So jedenfalls das akademische Direktorium in einem Schreiben an die Karlsruher Regierung. Aus-

Auch Joseph Victor Scheffel frönte ab 1844 dem frohen Studentenleben. Die in Fritz Ullmers „Heidelberger Frankenlieder" veröffentlichte Zeichnung aus der Kneipzeitung von 1846/47 zeigt den Poeten (links) im Freundeskreis.

drücklich rühmte es Besonnenheit und Diensteifer der Pedellen Schmidt und Michelbach und verwahrte sich gegen Übergriffe der Polizei. In der Instruktion vom 7. Januar 1854 heißt es in Paragraf 1: „Den Akademiker schützt die Legitimationskarte gegen persönliche Arretierung." Diese musste er auch Gendarmen oder dem Militär vorzeigen. Nur einige Einschränkungen wie Widersetzlichkeit, Fluchtgefahr oder Duelle konnten dieses Vorrecht aufheben. Im Prinzip durfte nur ein Oberpedell Studenten verhaften. Wenn ein Polizist doch ausnahmsweise einen festnehmen musste, hatte er den Übeltäter dem Universitätsdiener zu übergeben oder auf den Karzer zu bringen. Die Verhaftung aufzuheben stand allerdings nur dem Amtmann zu.

Tief blicken lässt die Regelung, dass der Oberpedell die Übernahme der Bösewichter schriftlich zu bestätigen hatte. Die Inkarzerierten jedenfalls gedachten in ihren Erinnerungen eher der freundlichen „Pudel" und hinterließen an den Wänden sogar manchmal Sprüche wie den folgenden unter der Darstellung eines Bierglases: „Oh hätt' ich Dich, wie wollt' ich Dich! — Doch unser Papa Gredel spricht: im Carcer, ei, da kneipt man nicht! G.G.".

Damit wären wir beim populären Ehepaar Gredel. Er soll ein Mann von echt Heidelberger Art, sie eine feine Frau von rührend mütterlichem Wesen gewesen sein. Ein Häftling schrieb: „Vier Wochen, die ich saß allhier, so gut, so fromm, so edel, hat — außer Gott

noch über mir — gewacht der Vater Gredel. Frau Gredel war besorgt um mich — wie eine gute Tante — und sandte mir allmorgendlich den Nektar der Levante. Darauf erbarmt sich unserer Not — mit Flaschenbier und Schinkenbrot — als brächte sie Himmelsmannah — die liebe Jungfrau Hannah."

Wie alle Pedelle mussten auch die Gredels natürlich den Schein wahren. Ludwig Bernheim schildert folgende Geschichte: „Studiosus Georg Lüdecke saß zufällig an seinem Geburtstag im Karzer. Eine bestimmte Anzahl Flaschen Bier war zwar erlaubt. Es langte aber nicht zur Feier. Man brachte daher in den Paletot-Taschen eine Anzahl Flaschen Punschextrakt hinauf sowie eine kleine Holzwanne. Jetzt erklärte Lüdecke, er müsse den Abend noch ein heißes Fußbad machen und bedürfe dazu eines großen Topfes heißen Wassers. Das Wasser kam, nach einiger Zeit auch Gredel, um sich von der Richtigkeit des Fußbadens zu überzeugen, und entfernte sich nach genauester Probe. Ich weiß nicht, ob Lüdecke nicht die richtige Seife hatte oder eine ungewöhnlich gründliche Reinigung vorgenommen werden musste: Er bedurfte dreier solcher Fußbäder an diesem denkwürdigen Abend, die zuletzt den Erfolg hatten, dass bei den Kontrollen des letzten Fußbades Wärter und Gefangener sich gerührt in die Arme sanken und die Treppe hinab, in Frau Gredels Blumen auf dem Absatz hinunterrutschten." Man mochte sich eben.

Auch ein Abschied von den Pedellen.
Der Heidelberger Franke
Joseph Victor Scheffel verlässt
am 18. März 1847 die Neckarstadt
(Kneipzeitung der alten Frankonia).

In ihrer Festschrift zum 500-jährigen Bestehen der Ruperto Carola bedauern die Heidelberger Corps lebhaft die Aufhebung der akademischen Gerichtsbarkeit und schwärmen von ihren Pedellen: „Aber auch die Herren Polizisten der letzten Jahre sind von den Corpsgern gesehen und geachtet."

So blieb es offenbar bis zum Schluss. 1903 wurde amtlich festgestellt, dass der Karzerwärter sowohl zu viel trank, als auch zu häufig Besuch zuließ. Trotz verschiedener Ermahnungen an den Oberpedellen Wittmann hat sich daran in den Folgejahren offenbar nichts geändert. Letzter Karzerherr war der Oberpedell Götzelmann, der auch die Dienstwohnung in der Augustinergasse nutzte. Als Oberpedelle wirkten im Sommersemester des Jahres 1914 außerdem Joseph Lehn und Ferdinand Schmitt.

VON
STRAFEN
UND STATISTIKEN

Wer das Besondere am Heidelberger Karzer sucht, sollte weniger fragen wofür, sondern wer verurteilt wurde. In puncto Internationalität dürfte die Neckarstadt zu Kaisers Zeiten kaum zu schlagen gewesen sein. Die Häftlinge kamen aus San Francisco, Chicago und New York, aus Paris und Peru, aus Madrid oder Kiew. Londoner, Petersburger, Sizilianer, Balten – Heidelberg war eben eine gute Adresse um die Jahrhundertwende.

Das Karzerbuch diente nach 1945 als Gästebuch. Am 9. November dieses Jahres hatte die Militärregierung die treuhänderische Verwaltung des Hauses in der Augustinergasse übernommen. Es gehörte zum Standardbesichtigungsprogramm des Nachkriegstourismus. Letten, Engländer, Belgier trugen sich von 1945 bis 1949 ein. Zürcher Singstunden hinterließen einen großen Zirkel. Immerhin: 1761 Eintragungen im Karzerbuch blieben erhalten. Mit 151 Karzerstrafen war 1885 ein besonders ertragreiches Jahr. Ab 1908 registrierten die Akten nur noch wenige Freiheitsstrafen. 1911 und 1913 gibt es ganze vier Eintragungen ins Karzerbuch, 1912 sechs und 1914 noch zwei. Der allerletzte Insasse war Franz Schandelmaier vom 18. bis 21. Februar 1914.

Auch wenn es allenfalls eine Halbwahrheit ist, dass sich die Studiosi um einen Aufenthalt im fidelen Gefängnis rissen, so mancher Kommilitone rückte nicht nur einmal in den Kerker ein. Hans Seiffert aus dem hinterpommerschen Rügenwalde, dem Geburtsort der berühmten Würste, saß zwischen dem 18. Juni 1900 und dem 2. Juli 1901 gar sechsmal. Leider fehlen in dem für die Eintreibung der Gebühren mit der neuen Gesetzlichkeit des Jahres 1879 angelegten Karzerbuch die Seiten 15 bis 27 (1883/84) und 70 bis 77 (1901 bis 1904), sodass die Statistik keinen Anspruch auf Vollständigkeit erheben kann. Irgendein Gast dürfte die Seiten gemaust haben.

Seiffert wurde nie wieder erreicht. Der Berliner Karl Semper brachte es 1889 auf vier Aufenthalte. Ein Graf von Reventlow saß dreimal, der in den Karzergeschichten auftretende Theodor Bumiller 1882/83 viermal, Walter Kantorowicz aus Posen dreimal. Er büßte sozusagen seine Strafen hintereinander ab, das waren ein, zwei und vier Tage, die offenbar wegen eines einzigen Vorkommnisses vergeben wurden.

Laut Protokoll wurde Bumiller 1884 zusammen mit seinem Kommilitonen Kratzenberg vom Engeren Senat wegen „Störung guter Sitte und Standesehre durch in Trunkenheit verübte Handlungen" relegiert. Er erhob dagegen Protest. Zunächst vergeblich.

Auch einige Doktoren wanderten in den Kerker. Schließlich konnte man den Titel vor Abschluss des Studiums erhalten. So mancher reiche junge Mann aus Ostelbien, der seine Studien nicht zuletzt in den Kneipen der Neckarstadt betrieb, besuchte die Augustinergasse. Dazu gehörten z.B. ein Freiherr von Maltzahn, dessen Nachfahren heute wieder in Vanselow (Mecklenburg-Vorpommern) zu finden sind, sowie Mitglieder der sehr vermögenden pommerschen Grafen (von) Behr. Um etwas für die Führung eines Gutes zu lernen, war die Neckarstadt nicht unbedingt die richtige Adresse. Frauen sucht man vergeblich, obwohl sie in den letzten Nutzungsjahren des Karzers offiziell studieren durften.

Vielleicht besaßen die jungen Damen auch nicht die Fantasie ihrer männlichen Kollegen im Ausdenken von Dummheiten. Die konnten auf eine mehrhundertjährige Erfahrung zurückgreifen. Wer sich die Liste der verbotenen Handlungen im 15. Jahrhundert anschaut, bekommt einen Überblick über die Schandtaten der Scholaren. So wurde u. a. untersagt, den Bauern die Tauben oder Gänse zu stehlen, Fischweiher zu plündern, unziemlich im Neckar zu baden, Nachtigallen zu fangen, sich zu vermummen oder sich wüsten Glücksspielen hinzugeben. Später ging es dann auch gegen übertriebenes Tanzen oder Gartendiebstähle, Missbrauch von Kaffee, wollüstiges, vergebliches Geldausgeben.

Nach 1819 war politisches Wohlverhalten gefragt. Zugehörigkeit zu Verbindungen führte häufig zu Karzerstrafen.

Verruf, Trunkenheit, Schulden, Duelle, Beleidigungen, Sachbeschädigungen, ruhestörender Lärm, Prügeleien, Widerstand gegen die Ordnungskräfte – das war sozusagen normales jugendliches Über-die-Stränge-Schlagen. Ohrfeigen waren sehr beliebte Realinjurien. Auch Diebstahl kam vor. Duellforderungen wurden ebenfalls mit Freiheitsentzug geahndet. Meistens in Verbindung mit einer anderen Strafe wie der Relegation. Häufig war Trunkenheit im Spiel. Origineller verhielt sich beispielsweise der Student Petersen, der 1900 mit brennender Zigarre beim Amtmann erschien und deswegen im Karzer landete. Ein anderer ließ sich im Bett liegend von Dienstleuten auf dem Markt herumtragen. Das kostete vier Tage „Kerker". Auch der Verkehr mit Dirnen führte noch 1911 zu Karzerhaft. Ein Rigaer konnte sich nicht damit herauswinden, zunächst durch schöne Reden verführt worden zu sein.

Seltener ging es in nach-urburschenschaftlichen Zeiten etwa ab Mitte des 19. Jahrhunderts um mehr als Unfug. Ausnahmen bestätigen die Regel. 1901 wurde vor dem Engeren Senat die Sache der jüdischen Badensia behandelt, gegen die fünf Korporationen Beschwerde führten, weil angeblich oft von ihr Provokationen ausgingen. Das Argument, dass ihren Mitgliedern die Satisfaktion verweigert wurde, half der Badensia nicht. Sie wurde zunächst für ein Semester suspendiert. Ein Verbot für ein Jahr traf kurze Zeit später den mathematischen Verein wegen einer Verrufserklärung. Die drei Chargierten dieser Verbindung wanderten für eine Woche in den Karzer. 1904 wurde eine ähnliche Strafe über die Rhenopalatia verhängt. Die Universitätsbehörde bemühte sich auf Betreiben des Juristen Georg Jellinek

Blick ins Innere der Villa Trall, wahrscheinlich schon nach der letzten verbüßten Haftstrafe.

um eine strenge Haftdurchführung. Der Hofrat war einer der einflussreichsten Theoretiker der Universitätsgerichtsbarkeit, die sich seiner Ansicht nach nicht auf ein Hausrecht beschränken durfte. Unangemeldete Kontrollen wurden zu Jellineks Zeiten gefordert. Noch 1907 wurde der Oberpedell eingewiesen, die Karzerordnung streng einzuhalten und den Kollegbesuch einzuschränken.

Die Strafe sollte „nicht dazu dienen, die betreffenden Studierenden bloß das Karzerleben kennenlernen zu lassen". Der Besuch von Freunden wurde untersagt. Fremdenverkehr sollte nur gestattet sein, wenn der Karzer leer oder die besetzten Zellen abgeschlossen waren. Ein Jahr später erhielt Oberpedell Wittmann einen Verweis, weil er eine Johanna Stöckigt hereingelassen hatte, die sich als Cousine des inkarzerierten Albert Ofenloch ausgegeben hatte. In der Untersuchung zeigte sich, dass das Gefängnis offenbar gar nicht bewacht war. Tochter Wittmann hatte nach der Reinigung den Karzer unverschlossen verlassen.

Genützt hat das Bestreben nach Strenge nicht, auch wenn die Karzergeschichten sicher durch die vergoldete Erinnerung nicht die ganze Wahrheit widerspiegeln.

„Was kommt dort von der Höh"

KARZERGESCHICHTEN

MARK TWAINS UNSTERBLICHE REPORTAGE:

„DER HEIDELBERGER KARZER"

Es scheint, daß der Student eine ganze Menge der bürgerlichen Gesetze übertreten kann, ohne sich vor den bürgerlichen Behörden verantworten zu müssen. Sein Fall muß zur Verhandlung und Aburteilung vor die Universität kommen. Wenn ihn ein Polizist bei einer ungesetzlichen Handlung erwischt und sich anschickt, ihn zu verhaften, erklärt der Missetäter, er sei Student, und zeigt vielleicht seine Immatrikulationskarte, woraufhin der Beamte ihn nach der Adresse fragt, seiner Wege geht und die Sache im Polizeipräsidium meldet. Wenn es sich um ein Vergehen handelt, das nicht der Gerichtsbarkeit der Stadt unterliegt, melden die Behörden den Fall offiziell an die Universität und kümmern sich nicht weiter darum. Das Universitätsgericht lädt den Studenten vor, hört sich die Zeugenaussagen an und spricht sein Urteil. Die gewöhnlich auferlegte Strafe ist Haft im Universitätskarzer. Wie ich es verstanden habe, wird der Fall eines Studenten oft verhandelt, ohne daß er überhaupt anwesend ist. Dann geschieht etwa folgendes: Der Pedell sucht das Quartier des betreffenden Studenten auf, klopft, wird hereingerufen, tritt ein und sagt höflich:

„Bitte, ich komme, um Sie in den Karzer zu bringen."

„Ach", sagt der Student, „das habe ich nicht erwartet. Was habe ich denn getan?"

„Vor zwei Wochen hatte die öffentliche Ruhe die Ehre, von Ihnen gestört zu werden."

„Das stimmt; das hatte ich vergessen. Na schön; man hat sich über mich beschwert, über mich ist verhandelt und ich bin für schuldig befunden worden – nicht wahr?"

„Ganz richtig, Sie wurden zu zwei Tagen Einzelhaft im Karzer verurteilt, und man hat mich geschickt, Sie zu holen."

„Oh, heute kann ich nicht!"

„Warum nicht, bitte?"

„Weil ich eine Verabredung habe."

„Dann vielleicht morgen?"

„Nein, morgen gehe ich in die Oper."

„Können Sie Freitag kommen?"

Nachdenklich: „Mal sehen – Freitag – Freitag. Freitag habe ich anscheinend nichts vor."

„Dann werde ich Sie Freitag erwarten, wenn es recht ist."

„In Ordnung, ich komme Freitag vorbei."

„Danke. Guten Tag, mein Herr."

„Guten Tag."

Also geht am Freitag der Student von sich aus zum Karzer und wird eingelassen.

Es ist fraglich, ob die Kriminalgeschichte der Welt einen kurioseren Brauch als diesen aufzuweisen hat. Niemand weiß jetzt mehr, wie er entstanden ist. Es sind immer viele Adlige unter den Studierenden gewesen, und man nimmt an, daß alle Studenten Gentlemen sind; in alter Zeit war es üblich, die Bequemlichkeit solcher Leute so wenig wie möglich zu beeinträchtigen; vielleicht rührt dieser nachsichtige Brauch daher.

Einmal hörte ich einer Unterhaltung über dieses Thema zu, als ein amerikanischer Student sagte, er sei schon seit einiger Zeit wegen einer geringfügigen Ruhestörung verurteilt und habe dem Pedell versprochen, daß er einmal einen unbesetzten Tag finden und sich zum Karzer begeben werde. Ich bat den jungen Herrn, mir die Freundlichkeit zu erweisen und ins Gefängnis zu gehen, sobald es ihm nur passe, damit ich versuchen könne, hineinzukommen, um ihn zu besuchen und dabei zu sehen, wie der Karzer so wäre. Er sagte, er wolle den allerersten Tag, den er entbehren könne, dafür vorsehen.

Seine Haft sollte vierundzwanzig Stunden dauern. Bald wählte er einen Tag aus und gab mir Nachricht. Ich ging sogleich los. Als ich den Universitätsplatz erreichte, sah ich zwei Herren miteinander sprechen, und da sie Mappen unter dem Arm trugen, nahm ich an, es wären Erzieher oder ältere Studenten; so bat ich sie auf englisch, mir den Karzer zu zeigen. Ich hatte es allmählich als selbstverständlich vorausgesetzt, daß in Deutschland jeder, der etwas kann, auch englisch spricht, deshalb hatte ich aufgehört, die Leute mit meinem Deutsch zu peinigen. Diese Herren schienen ein bißchen belustigt – und auch ein bißchen verwirrt – zu sein, aber einer von ihnen sagte, er würde mit mir um die Ecke gehen und mir den Ort zeigen. Er fragte mich, warum ich dort hinein wollte, und ich sagte, um einen Freund zu besuchen – und aus Neugier. Er bezweifelte, ob man mich einlassen würde, erbot sich jedoch, beim Aufseher ein oder zwei gute Worte für mich einzulegen.

Er läutete, eine Tür öffnete sich, und wir traten in einen gepflasterten Flur und dann in eine kleine Wohnstube, wo wir von einer freundlichen, gutmütigen deutschen Frau von fünfzig Jahren empfangen wurden. Sie warf mit einem überraschten: „Ach Gott, Herr Professor!" die Hände hoch und legte eine mächtige Ehrerbietung für meinen neuen Bekannten an den Tag. Aus dem Funkeln in ihrem Blick schloß ich, daß auch sie sehr belustigt war. Der „Herr Professor" sprach mit ihr deutsch, und ich verstand genug davon, um zu merken, daß er sehr überzeugende Argumente dafür vortrug, mich einzulassen. Sie hatten Erfolg. Also empfing der Herr Professor meinen ernstgemeinten Dank und ging. Die alte Frau nahm ihre Schlüssel, führte mich zwei oder drei Treppen hinauf, schloss eine Tür auf, und wir standen in Gegenwart des Verbrechers. Dann begann sie mit einer fröhlichen und eifrigen Beschreibung all dessen, was unten geschehen war und was der Herr Professor gesagt hatte und so weiter und so fort. Offenbar betrachtete sie es als einen ganz hervorragenden Spaß, daß ich einen Professor überfallen und ihn zu einem so seltsamen Dienst herangezogen hatte. Aber ich hätte es nicht getan, wenn ich gewußt hätte, daß es ein Professor war; deswegen regte sich mein Gewissen nicht.

Nun ließ uns die Frau allein. Die Zelle war nicht sehr geräumig, immerhin aber ein bißchen größer als eine gewöhnliche Gefängniszelle. Sie hatte ein Fenster ziemlicher Größe mit Eisengitter, einen kleinen Ofen, zwei Holzstühle, zwei Eichentische, sehr alt und reichlich versehen mit Schnitzereien, Namen, Sprüchen, Gesichtern, Wappen und so weiter, dem Werk mehrerer Generationen inhaftierter Studenten; sie besaß ferner eine schmale, hölzerne Bettstelle mit einer erbärmlichen alten Strohmatratze – aber ohne Decken, Kissen, Laken oder Bettdecken, denn die muß der Student auf eigene Kosten stellen, wenn er welche haben will. Natürlich war kein Teppich da. Die Decke war vollständig bedeckt von Namen, Daten und Monogrammen, gemalt mit Kerzenrauch. Die Wände waren dicht mit Bildern und Porträts (im Profil) überzogen, einige mit Tinte, einige mit Ruß, andere mit Bleistift oder mit roter, blauer und grüner Kreide gemalt; und wo immer ein oder zwei Zoll Raum zwischen den Bildern geblieben waren, hatten die Gefangenen klagende Verse oder Namen oder Daten hingeschrieben. Ich glaube nicht, daß ich mich jemals in einem Raum befunden habe, der reicher al fresco ausgemalt war.

An der Wand hing ein Anschlag mit der Karzerordnung. Ich habe mir eine oder zwei Vorschriften notiert. Zum Beispiel: Der Häftling muß für das „Vorrecht", eintreten zu dürfen, eine Summe bezahlen, die etwa zwanzig Cent unseres Geldes entspricht; für das Vorrecht, hinauszugehen, wenn seine Zeit abgelaufen ist, zwanzig Cent; für jeden im Karzer verbrachten Tag zwölf Cent; für Heizung und Beleuchtung zwölf Cent täglich. Der Kerkermeister liefert morgens Kaffee gegen ein kleines Entgelt; Mittag- und Abendessen kann man von außerhalb bestellen, wenn man will – und man darf auch dafür bezahlen.

Hier und da tauchen an den Wänden die Namen amerikanischer Studenten auf, und an einer Stelle war das amerikanische Wappen und Motto in farbiger Kreide zu sehen.

Mit Hilfe meines Freundes übersetzte ich viele der Inschriften. Einige waren heiter, andere das Gegenteil davon. Ich teile dem Leser hier ein paar Beispiele mit:

„In meinem zehnten (meinem besten) Semester wurde ich aufgrund von Beschwerden anderer hierher verschlagen. Laßt die, die mir nachfolgen, gewarnt sein."

„Drei Tage ohne Grund angeblich aus Neugierde." Das soll heißen, er empfand Neugierde, wie das Karzerleben aussah; also übertrat er irgendein Gesetz und bekam dafür drei Tage. Es ist mehr als wahrscheinlich, daß er nie wieder dieselbe Neugierde verspürt hat.

(Übersetzung) „E. Glinicke, vier Tage wegen zu eifrigen Zuschauens bei einer Schlägerei."

„F. Graf Bismarck, 27.–29.II.74.“ Das bedeutet, daß Graf Bismarck, Sohn des großen Staatsmannes, im Jahre 1874 zwei Tage lang Häftling war.

(Übersetzung) „R. Diergardt – wegen der Liebe – vier Tage.“ Viele Leute auf dieser Welt hat es wegen der gleichen Unvorsichtigkeit schlimmer erwischt.

Die folgende ist kurz und bündig. Ich übersetze: „Vier Wochen wegen *falsch verstandener Tapferkeit.*“

Ich wünschte, der Dulder hätte sich ein bißchen ausführlicher ausgelassen. Vier Wochen Haft sind eine ziemlich ernste Sache.

An den Wänden gab es viele abfällige Anspielungen auf einen gewissen unbeliebten Würdenträger der Universität. Ein Dulder hatte drei Tage bekommen, weil er ihn nicht gegrüßt hatte. Wegen dieses selben „Dr. K.“ hatte ein anderer „hier zwei Tage geschlafen und drei Nächte gewacht“. An einer Stelle fand sich ein Bild des Dr. K., wie er am Galgen hing.

Hier und da hatten sich einsame Häftlinge die schwere Zeit verkürzt, indem sie die von Vorgängern zurückgelassenen Aufzeichnungen abänderten. Sie hatten Namen, Datum und Haftdauer stehengelassen, die Bezeichnung des Vergehens ausgelöscht und mit auffallenden Großbuchstaben an ihre Stelle geschrieben: „WEGEN DIEBSTAHLS!“ oder „WEGEN MORDES!“ oder sonst ein protziges Verbrechen. An einer Stelle stand ganz für sich allein das haarsträubende Wort: „RACHE!“

Es stand kein Name darunter und kein Datum. Es war eine Inschrift, die geschickt darauf berechnet war, Neugier zu erregen. Man hätte gern gewußt, welcher Art die Kränkung gewesen war und welche Art Rache verlangt wurde und ob der Häftling sie jemals geübt hatte oder nicht. Aber es gab keine Möglichkeit, das herauszubekommen.

Gelegentlich folgte einem Namen nur die Bemerkung: „Zwei Tage wegen Ruhestörung“, ohne Kommentar über die Gerechtigkeit oder Ungerechtigkeit des Urteils.

An einer Stelle sah man ein lustiges Bild von einem Studenten des Corps der Grünen Mützen mit einer Sektflasche in jeder Hand, und darunter stand die Inschrift: „Das macht ein böses Geschick erträglich.“

Es gab zwei Karzerzellen, und keine hatte an den Wänden oder an der Decke noch Platz für weitere Namen oder Porträts oder Zeichnungen übrig. Die Innenseiten der beiden Türen waren vollständig mit Visitenkarten früherer Häftlinge bedeckt, die in sinnreicher Weise ins Holz eingelassen und durch Glas vor Schmutz und Beschädigung geschützt waren.

Ich wollte unbedingt einen der traurigen alten Tische haben, den die Häftlinge im Laufe so vieler Jahre mit ihren Taschenmessern verziert hatten, aber der Amtsschimmel ließ das nicht zu. Der Wächter konnte keinen ohne Erlaubnis seines Vorgesetzten verkaufen, und dieser Vorgesetzte hätte sie von *seinem* Vorgesetzten einholen müssen, und dieser hätte sie von einem noch höheren einholen müssen – und so weiter und höher, bis die Fakultät über die Angelegenheit beraten und das endgültige Urteil abgegeben hätte. Das System war in Ordnung, und niemand konnte etwas daran bemängeln; aber es schien nicht entschuldbar, so viele Leute zu behelligen, deshalb gab ich es auf. Er hätte mich ohnehin vielleicht mehr gekostet, als ich mir je hätte leisten können; denn einer dieser Karzertische, der damals in einem Privatmuseum in Heidelberg stand, wurde später bei einer Auktion für zweihundertfünfzig Dollar verkauft. Er war nicht mehr als einen Dollar oder vielleicht auch anderthalb Dollar wert gewesen, bevor die gefangenen Studenten ihre Arbeit daran aufnahmen. Leute, die ihn auf der Auktion gesehen hatten, sagten, er sei so merkwürdig und wunderbar geschnitzt gewesen, daß er das Geld wert sei, das für ihn bezahlt wurde.

Unter den vielen, welche die traurige Gastfreundschaft des Karzers genossen, befand sich ein lebhafter junger Bursche aus einem der Südstaaten von Amerika, der im ersten Jahr ziemlich eigenartige Erfahrungen mit dem Universitätsleben in Deutschland gemacht hatte. An dem Tag, als er in Heidelberg ankam, schrieb er sich in das Fakultätsregister ein und war davon, daß sich seine Hoffnung erfüllt hatte und er tatsächlich Student der alten und berühmten Universität war, so freudig bewegt, daß er sich am selben Abend daran machte, das Ereignis mit einigen anderen Studenten durch einen

großartigen Jux zu feiern. Im Laufe dieses Juxes gelang es ihm, eine breite Bresche in eines der strengsten Gesetze der Universität zu schlagen. Ergebnis: Am nächsten Tag, noch vor Mittag, saß er im Universitätskarzer – seine drei Monate waren ihm sicher. Die zwölf langen Wochen schlichen träge vorüber, und endlich kam der Tag der Erlösung. Als er herauskam, empfing ihn eine große Schar sympathisierender Kommilitonen mit einer brausenden Demonstration, und natürlich gab es wieder einen großartigen Jux – in dessen Verlauf es ihm gelang, eine breite Bresche in eines der strengsten Gesetz der *Stadt* zu schlagen. Ergebnis: Am nächsten Tag, noch vor Mittag, saß er im Stadtgefängnis – seine drei Monate waren ihm sicher. Diese zweite langwierige Gefangenschaft ging mit der Zeit zu Ende, und wieder bereitete ihm, als er herauskam, eine große Menge sympathisierender Studenten einen lebhaften Empfang; aber seine Freude über die Freiheit war so grenzenlos, daß er nicht nüchtern und gelassen dahinschreiten konnte, sondern aus reinem Überschwang die schlüpfrige Straße entlang hopsen und hüpfen und springen mußte. Ergebnis: Er rutschte aus und brach sich das Bein und lag wahrhaftig während der nächsten drei Monate im Krankenhaus.

Als er endlich wieder auf freiem Fuß war, sagte er, er wolle lieber einen Sitz der Gelehrsamkeit ausfindig machen, wo es ein bißchen lebhafter voranginge; die Vorlesungen in Heidelberg seien vielleicht gut, aber die

Auch zu Mark Twains Zeiten verstanden die Studenten zu feiern. Etwa 1875 entstand dieses Foto mit dem Pferdewagen voller Studenten vor dem „Roten Ochsen". Aus dem Fenster schaut die berühmte Studentenwirtin „Tante Felix" (Felicitas Brunner).

Gelegenheiten, ihnen beizuwohnen, seien zu spärlich, der Bildungsprozeß zu langsam; er sagte, er sei mit der Vorstellung nach Europa gekommen, daß der Erwerb einer Ausbildung nur eine Frage der Zeit wäre, aber wenn er das Heidelberger System richtig erfaßt hätte, so wäre das eher eine Frage der Ewigkeit.

(Twain besuchte Heidelberg 1878. Der Abdruck der Geschichte aus „Ein Bummel durch Europa" erfolgt mit freundlicher Genehmigung des Aufbau-Verlages, Übersetzung von Ana Maria Brock.)

DIE STUDENTEN NAHMEN DEN SCHLÜSSEL MIT

Die Heidelberger Karzergeschichte ist ohne den Dilsberg unvollständig. Die malerische Feste, vorher Sitz eines kurpfälzischen Amtes, fiel 1803 wie Heidelberg an Baden. Was sollte man damit anfangen? Die nie bezwungene Feste wurde Staatsgefängnis und Karzer. Sie soll bevorzugt für politische Missetäter, sprich Burschenschafter genutzt worden sein, die zu Festungsstrafen verurteilt wurden. Schon im 18. Jahrhundert muss sie, wie Akten des Universitätsarchivs belegen, als Aushilfskerker gedient haben.

J. Bernhard, der wohl wichtigste Dilsberg-Forscher, meint, dass die weit vom Ort der Tat entfernte Feste für die Musensöhne ein fideles Gefängnis war. Er berichtet auch, dass nach der Flucht der Herren Stufnarsky und Claußen im Jahre 1810 die Gartentür zugemauert wurde. Offenbar war Spazierengehen im Freien erlaubt.

Dabei wäre die Flucht nicht nötig gewesen. Große Popularität erlangte die folgende Geschichte: „Des Aufsehers Töchterlein soll es trefflich verstanden haben, mit ihnen (den Studenten) gut Freund zu sein, denn es gab nie ein Nein, wenn der Schlüssel zum Ausgang begehrt wurde. Viel belacht wird heute noch die Verlegenheit des Alten, der eines Tages fremden Besuchern auf die Bitte um Besichtigung der Innenräume erklären musste, die Herren Studenten hätten einen Ausflug gemacht und den Schlüssel mitgenommen."

1826 fand die besondere Karzerherrlichkeit ein Ende. Die Burg wurde zum Abbruch freigegeben, ein schlimmes Ende für eine Feste, die in vergangenen Jahren so erfolgreich verteidigt worden war. Die Bevölkerung verarmte.

Seit 1973 ist Dilsberg, einst eigenständige Stadt, ein sehr gepflegter und hübscher Ortsteil Neckargemünds.

GESPALTENE NASEN UND SAND-BRIEFE

Einen guten Einblick in das burschenschaftliche Leben unmittelbar vor dem ersten Wartburgfest bieten die Lebenserinnerungen des Alexander Pagenstecher. So berichtet er über sein erstes Duell im Gasthaus „Zur Rose" in Rohrbach, das mit dem Besuch im Karzer endete:

„Meine Freunde interessierten sich aufs Lebhafteste für meinen ersten Waffengang, denn der Russe hatte sich gerühmt, er wolle mir das Gesicht löblich verzieren. Es zeigte sich indes bald, dass er kein Meister der Fechtkunst war, obgleich mir an Größe und Kraft des Körpers überlegen. Nach dem ersten Gang, den ich nur zum Parieren seines klobigen Angriffes benutzte, hatte ich ihn hinlänglich studiert, und schon im zweiten erhielt er einen tüchtigen Quarthieb über die ganze Brust, der zwar nur flach ausfiel, ihn aber doch blutrünstig schlug. In diesem Augenblick stürzte einer der Kameraden herein mit dem Schreckensruf: Die Pedellen kommen. Das gab nun eine höchst lächerliche Szene. Alles eilte zur Flucht, der eine hierhin, der andere dorthin. Ich im Paukwichs, den Schläger in der Hand, die Treppe hinunter, durch den Hof über eine Mauer und durch einen Nachbarhof in eine Scheune mit dreschenden Bauern, die über meinen Anblick sich höchlichst entsetzten und denen ich Verschwiegenheit anempfahl; die Heuleiter hinauf in einen Unterschlag und durch ein Loch in der Lehmdecke desselben in einen dunklen Raum, der mit Laub und Stroh gefüllt war. In dieser Nacht redete mich plötzlich eine leise Stimme an: ‚Pagenstecher, sind Sie das?‘ Es war der Sekundant meines Gegners, ein Kurländer, v. Wagner, der eleganteste und gefürchtetste Schläger der Universität. Wir unterhielten uns vertraulich über dies schändliche Pech, wurden jedoch bald getröstet durch Zurufe von außen, welche die beruhigende Versicherung brach-

ten, dass ein blinder Lärm uns getäuscht habe. Den Wachtposten auf der Landstraße war die Zeit zu lang geworden, sie wollten auch Zeugen des Kampfspiels sein, und, als die näheren die entfernteren heraneilen sahen, glaubten jene, die Pedellen seien am Kommen. Wir erneuerten also ganz erheitert unsere Arbeit. Beim dritten Gang bemühte sich der Sekundant meines Gegners, diesem vorzugsweise die Quarten zu parieren, geriet dabei aber so sehr in den Bereich der Klingen, dass er von dem Schläger seines Duellanten durch den rechten Oberschenkel gestochen wurde. Es war glücklicherweise nur eine Fleischwunde, ohne Gefäßverletzung, und auch diese Episode störte nicht die weitere epische Entwicklung des Gefechtes. Der vierte Gang mit einem neuen Sekundanten, einem Herrn v. Kleist, wurde unternommen; diesmal glückte es mir, meinen Gegner mit einer zierlichen Prime die Nasenspitze in zwei gleiche Hälften zu teilen. Das Blut rieselte über Mund und Bart, es war ein kommentmäßiger Anschiss. Doch nahm der tapfere Trojaner noch keine Satisfaktion, ich sollte auch noch gezeichnet werden. Die Wunde wurde von dem Paukdoktor geheftet, auf das eifrigste russisch gewelscht und wiederum die Mensur beschritten. Bis hierher hatte ich mit der kaltblütigsten Ruhe gefochten, jetzt aber wurde auch ich leidenschaftlich. Wir hieben also mit gewaltigen Schlägen aufeinander los, wobei mein Gegner eigentlich im Vorteil war. Der fünfte Gang brachte auch kein Ergebnis. Im sechsten, wo wir noch wilder tobten, glitt ich aus und fiel beinahe auf das rechte Knie. In demselben Augenblick hieb der Russe eine gewaltige Prim nach meinem Kopfe, die ich aber im richtigen Moment abfing und ihm zum Schlusse eine Terz in den rechten Oberarm applizierte. Damit war die Sache fertig. Zwei Stunden lang hatte der Spaß gedauert; mir war kein Haar gekrümmt, nicht einmal das Hemd verletzt worden. Die Freude meiner Genossen war groß, die Frau Wirtin ‚Zur Rose‘ überreichte mir einen dicken Strauß Herbstblumen.

Am folgenden Morgen, als ich noch, in Siegesträume gewiegt, im Bett lag, klopfte es mit leisem Finger an die Stubentür, und herein trat Herr Krings, der Oberpedell. ‚Ei, bravo, Herr Pagenstecher, sie haben sich ja wie ein Held gehalten,‘ rief er mit freundschaftlichem Grinsen, und seine schlauen Fuchsaugen durchmusterten das Zimmer. ‚Wo haben sie denn die Schläger?‘ Ich brummte, dass ich nicht wüsste, was er wolle. ‚Nun, nun, wir werden ja sehen.‘ Und richtig, im Nebenzimmer lagen sie, die Schläger, wohl ein halbes Dutzend in einer Reihe nebeneinander, und der unerbittliche Krings raffte sie zusammen und schleppte sie mit sich in sein Gewahrsam, wo sie, Stück für Stück, für einen Krontaler wieder ausgelöst werden mussten. Zugleich wurde ich auf 10 Uhr auf das Universitätsgericht zitiert. Auf dem Wege dorthin begegnete ich meinem Freund Eichholz mit der gehefteten Nase und dem Arm in der Schlinge. ‚Scheußliches Pech,‘ redete er

mich zutraulich an, ‚ich habe vierzehn Tage, und Ihnen wird’s nicht besser gehen.‘

Es blieb bei acht Tagen Karzer, während welcher ich meine Kollegien und Kliniken besuchen durfte, sodass ich im Karzer eigentlich nur schlief und speiste und zuletzt die teure Rechnung für schlechte Herberge bezahlte.“

Es sollte nicht der letzte Aufenthalt im akademischen Gefängnis für Pagenstecher sein. Er war auf eine vergleichsweise harmlose Art und Weise in das Sandsche Attentat auf Kotzebue verwickelt. Pagenstecher berichtet:

„Über meinem Haupte schwebte indes noch einige Zeit das an einem Haare hängende Schwert. Doch war ich gewarnt genug, um alles, was ich von verdächtigenden Papieren besaß, zu beseitigen, sodass, als zu Ende Juli der Universitätsamtmann mit den Pedellen bei mir eintrat, um Haussuchung zu halten, nichts Derartiges zu finden war. Doch nahm man mich mit in den Karzer, und drei Wochen lang hatte ich die Ehre, als Staatsgefangener zu sitzen und fast täglich verhört zu werden.

Die drei Wochen gehörten zu den vergnügtesten meines Lebens. Vor dem Untersuchungsrichter hatte ich keine großen Gefahren und Schwierigkeiten zu bestehen.

Die corpora delicti, der nach Speyer von mir getragene Sandsche Brief und meine von Müller sorgfältig gesammelte Korrespondenz, welche man bei diesem, der auch gefangen saß, aufgefunden hatte, setzten mich nicht in Verlegenheit. Jener Brief war mir nach vollbrachter Tat zur Veröffentlichung mitgeteilt worden und trug keinen politischen Charakter. Er enthielt nur die Rechtfertigung eines Sohnes gegenüber seiner Mutter. Meine Briefe an Müller atmeten zwar eine höchst exzentrisch romantische Stimmung hinsichtlich deutscher Einheit und Vaterlandsliebe, aber sie waren zugleich auch die tatsächlichen Beweisstücke, dass eine eigentliche, das heißt organisierte, planmäßige Verschwörung hier nicht zu Grunde liege und die ganze Angelegenheit, wenigstens von mir, nur als Privatsache, jedenfalls nur als ein Hoffen, Wünschen und Streben im Gebiete des Geistes und der Fantasie behandelt wurde. So konnte ich mit aller Offenheit die in diesen Briefen angesprochenen Tendenzen und Überzeugungen anerkennen und ihre Richtigkeit, ihre Notwendigkeit für unsere deutschen Zustände vor dem Richter mutig verteidigen, was mir denn auch wahres Seelenbedürfnis war, während ich der Wahrheit gemäß nicht nötig hatte, irgendwelche verschwörerischen Pläne, irgendein Mitwissen an dem Sandschen Attentate einzugestehen. Von dieser Seite her also außer Sorgen und mit der dem Richter gegenüber eingenommenen Stellung wohl zufrieden, fühlte ich mich in der Einsamkeit des Kerkers freier, reicher und schöner als je zuvor.

Ich empfand den ganzen Wohlgeschmack eines gelinden Märtyrertums und wurde durch das, was Strafe und Abschreckung sein sollte, erst recht begeistert für die verfolgte und bedrohte Lehre. Niemals habe ich denn auch entschiedener für die Freiheit geschwärmt als während dieser Haft, ja ich war jetzt ein reiner Republikaner geworden, wozu ich mich bisher nie recht hatte versteigen können. [...]

Neben diesen gemütlichen Studien trieb ich meine ernsteren, wissenschaftlichen mit wahrem Feuereifer. Ein paar Körbe voll Bücher lieferte mir von der Bibliothek her das Material, und ich arbeitete, die Verhörstunden ausgenommen, vom frühen Morgen bis in die späte Nacht hinein. Examen und Promotion standen nämlich vor der Tür ...

Die Privatstimmung des Herrn Oberpedellen Krings gegen mich, die im Allgemeinen gegen die Schwarzen keine vorwiegend günstige genannt werden konnte, denn Herr Krings war ein entschieden konservativer Charakter, neigte sich immer mehr zu meinen Gunsten. Zuerst glätteten sich die traurigen Falten seines Spitzbubengesichtes, dann ging er zu einer freundlichen, wenn auch kurzen Unterredung über, verstieg sich sogar zu vertraulich herablassenden Scherzen, und endlich öffnete sich eine wohl verriegelte Seitentür meines Gemaches, und ich wurde in das Familienheiligtum, in sein möbliertes Zimmer eingeführt, wo Madame und Fräulein Krings mich empfingen und die allerliebste Tochter mir wunderschön auf der Harfe vorspielte, während ich auf das Sofa gesetzt und mit Wein und Biskuit gelabt wurde.

Nach folgenden Zeichen allerliebster Gnade war es denn auch nicht mehr schwierig, den Freunden den Zugang zu meinem Gefängnis zu eröffnen, und unter Vermittlung einiger Krontaler geschah dies von jetzt an regelmäßig an jedem Abend, wo wir selig und jubelnd einige Stunden miteinander verbrachten.

Unter der kleinen Zahl der Besucher war ein gar liebenswürdiger Mensch, der Sohn des bayerischen Bundestagsgesandten v. Harnier, den wir nur den Römer nannten, weil er einen guten Teil seiner Jugend in Rom verlebt hatte und dort eine entschiedene Liebe zur Kunst, speziell zur Malerei, eingesogen hatte.

Harnier war eine echte Künstlernatur, weich, schwärmerisch, reizbar, zu strengem Arbeiten und Denken wenig aufgelegt, dabei von braver, treuer Gesinnung, freundlich, liebevoll im Umgang und von feinen, durch vornehme Erziehung polierten Formen. Wir liebten ihn herzlich und neckten ihn unablässig wegen seiner mädchenhaften Liebe und Nachgiebigkeit.

Einen Tag vor meiner Entlassung aus der Haft, die wir noch nicht so nahe glaubten, kam er in mein Gefängnis: ‚Ich will Dich eben noch zeichnen, ehe sie Dir den Kopf abschlagen‘, sprach er und fertigte ein sehr ähnliches, trefflich gearbeitetes Bleistiftporträt, welches ich noch aufbewahre, ein Andenken an den Schluss der romantischen, langhaarigen Burschenschaftsepoche und zugleich an den liebenswürdigen Harnier, der nach kurzem Jugendleben mit seiner liebenswürdigen Frau, die er eben geheiratet hatte, vom Erdenschauplatz abgerufen wurde. […]

Zu Anfang der vierten Haftwoche kündigte man mir an, dass ich vorläufig gegen mein Ehrenwort, die Stadt Heidelberg nicht zu verlassen, freigegeben sei. Ein Urteil erhielt ich jetzt nicht und auch nicht später. Die Akten wanderten an die Zentraluntersuchungskommission nach Mainz und werden wohl noch in irgendeinem Archiv schlummern.“

DER AUSZUG NACH FRANKENTHAL

Großes Aufsehen erregte eine Verrufserklärung der Corps und Burschenschaften vom 12. August 1828. Betroffen war die Museumsgesellschaft, ein 1811 gegründeter Lese- und Bürgerverein, deren neues Gebäude damals eröffnet wurde. Einzelne Bestimmungen der Statuten erregten Ärger bei einem Teil der Studenten. Sie sahen sich in ihrer Gesamtheit als nicht gleichberechtigt mit den Bürgern an. Beschwerden hatten keinen Erfolg. Worum es eigentlich ging, spielte später kaum noch eine Rolle.

Solche Verrufserklärungen waren verboten, aber die Burschenschaften und Corps beschlossen, sich im Falle von Maßnahmen gegen Studenten zu wehren. Alle Studenten sollten sich nach dem Ruf „Burschen heraus“ auf der Hirschgasse versammeln, Inkarzerierte befreien und ausziehen.

Zwölf Jahre nach den Karlsbader Beschlüssen blühte das Verbindungsleben. Die Lithografie mit dem Titel „Was kommt dort von der Höh" nach einer Zeichnung des Malers Münnich zeigt einen Fuchsenritt auf der Saxoborussen-Kneipe im Saale des Riesenstein am 10. November 1831.

Schon einen Tag später reagierte der Senat, 17 Studenten erhielten Stubenarrest, vier Burschenschafter Karzer. In den Morgenstunden des 14. August wurden die Studiosi festgenommen. Nicht lange, und vor dem Café Wachter und danach auf dem Paradeplatz ertönte unter den Augen des Senats der Ruf „Burschen heraus". Alle zogen zur Hirschgasse, wo die Chargierten der Corps und zwei Abgeordnete der Burschenschaft den Karzersturm und den anschließenden Auszug nach Frankenthal beschlossen. Um fünf Uhr in der Frühe brachen 200 Studenten unter den Augen des Senats die Tür des Kerkers auf. Es kam zu Ausschreitungen gegen die Pedellen. Der Student Jungbluth wurde aus dem Stubenarrest befreit. Drei Stunden später zogen sie aus, 100 von ihnen nach Schwetzingen, 400 nach Frankenthal.

Was dann geschah, füllt diverse Aktenbände. Der Senat rief das Militär zu Hilfe und versuchte es mit „Teile und Herrsche": Repressionen gegen Uneinsichtige und Rädelsführer, Verzeihung für Reumütige. Die Studenten griffen zu ihrem stärksten wirtschaftlichen Druckmittel. Sie drohten mit der Verrufserklärung über die Hohe Schule.

Am 17. August überbrachte Professor Mittermaier den Kommilitonen ein Angebot:

1.) Sofortige Entfernung der Dragoner aus Heidelberg
2.) Allgemeine Amnestie mit Ausnahme einiger Wochen Festung für die Karzerstürmer
3.) Erfüllung der studentischen Forderungen an die Museumsgesellschaft

Gegen die Stimmen der Saxoborussen wurden diese Forderungen abgelehnt und ausnahmslose Amnestie gefordert.

Am 18. änderte die Museumsgesellschaft ihre Gesetze entsprechend den Wünschen der Kommilitonen. Dieser Verruf wurde daraufhin aufgehoben. Der Amtmann bot im Namen des Senats auf einer allgemeinen Studentenversammlung erneut die Entfernung des Militärs und Amnestie mit Ausnahme der Karzerstürmer an. Die Verbindungen sollten nicht verfolgt werden.

Ein großzügiges Angebot. Trotzdem wurde der Verruf über Heidelberg ausgesprochen. Drei Jahre sollten es nach dem Willen der Corps sein. Rasch regte sich gegen diesen harten Entschluss der Widerstand. Die Front fiel rasch auseinander, obwohl einzelne Verbindungen längere Zeit die Neckarstadt mieden, so die Corps in Bonn und Göttingen bis 1830.

Am 25. Oktober 1828, unmittelbar nach den Frankenthaler Ereignissen, hieß es in einem Zeitungsbericht:

„Die Untersuchung der von dahiesigen Akademikern im August d.J. verübten Exzesse ergab, daß die große Mehrzahl, ununterrichtet über die Verhältnisse und unbedachtsam, durch die Leidenschaftlichkeit und den Uebermuth der Minderzahl sich fortreißen ließ. Von 289 Studenten, welche wegen der Verrufserklärung der Universität in Untersuchung genommen, und dieses

Fahrt der Heidelberger Studenten von Mutterstadt nach Frankenthal am 14ten Aug. 1828

Im Band „Heidelberger Studentenleben" zur 500-Jahr-Feier wird an den Auszug der Studenten nach Frankenthal im August 1828 erinnert.

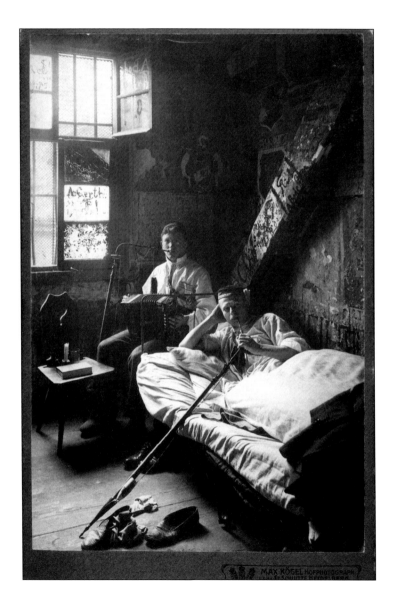

Vergehens schuldig befunden wurden, fühlten 197 Reue, und nahmen den Verruf zurück. Nur 92 blieben hartnäckig bei ihrem Unrecht. Auf die Vorlage der Akten nebst dem Erkenntnisse und den Anträgen des Senats erfolgte die allerhöchste Entschließung Sr. königl. Hoheit des Großherzogs, welche den Senat gnädigst ermächtigt, von einem Erkenntnisse gegen jene 197 Reuigen und Versuchten zu abstrahiren. Dagegen wurde gegen die Andern 92 das Erkenntnis Allerhöchsten Ortes zum Vollzug bestätigt, und wegen der Verrufserklärung der Universität und der weiter vorgefallenen Exzesse gegen 129 Akademiker folgende Strafen ausgesprochen, nämlich: die geschärfte Relegation auf immer gegen neun, die geschärfte Relegation auf vier Jahre gegen sechs, zweijährige einfache Relegation gegen siebenundsiebzig, Consilium abeundi gegen neun und Unterschrift des Consilium abeundi gegen achtundzwanzig."

AUF DEM KAMEL IN DEN KERKER

Welch ein Andrang so manches Mal in späteren Jahren im Karzer herrschte, belegt die folgende schwärmerische Schilderung aus längst vergangenen Zeiten: „Dass meine Silhouette an der Wand des Vorplatzes, meine in die Türen eingelassene Fotografie nach 32 Jahren noch

Musik und Pfeifenrauch –
in der Villa Trall ließ es sich 1911 gut leben.

gut erhalten sind, hat besonders meinen Sohn erfreut, dem es natürlich imponierte, dass der Vater in seiner Jugend kein Musterknabe war. Noch heute habe ich das Gästebuch, das ich aufgelegt hatte. 34 Personen hatten sich an einem Tag eingetragen, darunter neun Amerikaner. In besonders schöner Erinnerung habe ich eine schöne, weit gereiste, ungarische Gräfin, Trägerin eines bekannten Namens, die sich für den Besuch durch eine sehr erwünschte und angenehme Sendung aus dem Restaurant revanchierte. Und das Absitzen meiner zweiten, einer zweitägigen Strafe verschönte mein Leibfuchs Adrian, der sich am Morgen mit fremden Etrangers in den Karzer geschmuggelt hatte und zum größten Entsetzen des Pedells gegen Abend seine ‚Entlassung' verlangte. Wer Karzer erhielt, zu meiner Zeit nur mein Leibenkel Greulich, war viel beneidet. Ein reines Vergnügen war es jedoch keineswegs. Ich habe schon in besseren Betten geschlafen. Essen und Trinken war ausschließlich eine Sache des Geldbeutels. Und der schönste Augenblick, besonders bei längerer Haft, ist der der Entlassung, das Gefühl, wieder frei zu sein."

Arthur Born fügte in seinem Kapitel „Studentenulk" in der Festschrift der Korporationen zur 600-Jahr-Feier der Ruperto Carola hinzu: „Den Einzug in den Karzer gestaltete man gern mit einem öffentlichen Aufzug, bei dem der Delinquent, oft mit schweren Ketten gefesselt, mitgeführt wurde. War zufällig ein Zirkus in Heidelberg, so lieh man sich dort ein Dromedar oder ei-nen Elefanten aus. Auch aus anderen Gründen zeigte man sich früher gern der Öffentlichkeit in einem Aufzug und fand Beifall und Zustimmung der Bürger. Zu erinnern ist hier an das Komitat, mit dem verdiente Korporierte verabschiedet wurden. Aber nachdem dieser Brauch ausgestorben war, fand man andere, lustige Anlässe zu einem Aufzug. Senatspräsident Dr. Fritz Lind erinnert sich: ‚Im Sommersemester 1905 war bei uns (Turnerschaft Rhenopalatia) ein stud. jur. von Protopopoff aktiv. Er stammte von dem Gut Duchownitzkoe, Gouv. Saratow/Russland. Er starb am 11.12.1910 und vermachte der Universität Heidelberg und seiner Rhenopalatia Landgüter im Werte von über einer Million Rubel und 250 000 Rubel in bar. Die komplizierte Rechtslage verzögerte die Auszahlung des Erbes. Anfang des Sommersemesters 1912 begannen die Verhandlungen der Altherrenschaft mit den russischen Behörden. Gegen Ende des gleichen Semesters erschien dann die Frau von Protopopoff mit ihrem Anwalt in Heidelberg. Ihr Ziel war ein Vergleich. Die Universität schied schon gleich als Erbe aus rechtlichen Gründen aus. Mit Rhenopalatia zogen sich die Verhandlungen bis 1914 hin. Der Ausbruch des Weltkrieges entschied dann die Frage endgültig zu unseren Ungunsten. Ahnungsvoll gab die Erbschaft schon im Sommersemester 1912 Anlass zu folgendem Klamauk: Ein russischer ‚Bankier' im Nationalkostüm überbrachte einen großen Wagen, der bis oben mit Geldsäcken beladen und von zwei bis an die Zähne bewaffneten Soldaten begleitet war. Darauf folgte ein Handkarren mit der Erbschaft für die Universität, die aus einem Sack voll Stroh bestand. Hinter diesem Karren ging der trauernde ,Prorektor' und der geprellte ,Erbschaftssteuerbeamte'. Den Schluss bildeten die Aktiven und Inaktiven, die auf Leiterwagen schon einen Teil der Erbschaft in Flüssigkeit umsetzten. Die Aktiven hatten dazu 100-Rubel-Schecks drucken lassen mit der Unterschrift ,Die Erbonkels'. Diese wurden unter großem Jubel unter die Heidelberger Schuljugend geworfen.'"

DAS PARALLELOGRAMM DER KRÄFTE

Im Kurpfälzischen Jahrbuch 1928 erzählt Dr. Hoenninger eine Geschichte aus dem gewöhnlichen Karzerleben Mitte des 19. Jahrhunderts. Die Inhaftierten bekamen je eine Flasche Bier abends und eine Kerze, die zwei Stunden brannte.

„Einst waren drei Studenten eingelocht. Sie verbrachten den Abend gemeinsam, hatten also Licht für sechs Stunden. Aber die drei Flaschen Bier ließen sich nicht verdreifachen. Guter Rat war teuer. Die einfache Möglichkeit, von den Kommilitonen bereitgestellte Bierkästen mit einem Seil hochzuziehen, entfiel. Ein seinerzeit vorhandener Vorsprung am Hause verhinderte solch löbliches Beginnen. Da fiel einem mathematischen Genie ein, sich mit Hilfe eines Parallelogramms der Kräfte zu helfen. Man besorgte ein langes Seil. Ein

Gehilfe, der im Hausgang des ,Deutschen Hauses' stand, band jeweils in der Mitte des Stricks eine Bierflasche an, zog, und durch den Gegenzug bewegte sich die Flasche nach oben. Das ließ sich je nach Bedarf fortsetzen. An einem Abend, die Flasche war gerade unten angekommen, ging der Pedell aus. Das Heraufziehen hätte zu lange gedauert. Kurz entschlossen sprang einer der drei Studenten mit dem Seil in der Hand die Treppe herab, sodass es angespannt oben war, bis der Pedell das Haus verlassen hatte."

PAPA ERLEDIGTE DIE SACHE

In der Zeit der Weimarer Republik verkehrte der Deutschbalte Harry Domela, durch die Umstände seiner Zeit zum Abenteurer geworden, als Wilhelm, Prinz von Preußen, bei den Saxoborussen. In einer beißenden Satire hat er diesen Aufenthalt beschrieben. Seine Schilderung endloser Saufereien, fast gar nicht mit Studium garniert, hat dem Ansehen des Corps, dem beispielsweise Konstantin I., König von Griechenland, und der 1944 hingerichtete Albrecht Hagen angehörten, sehr geschadet.

Mitte des 19. Jahrhunderts gab es bereits einmal einen solchen Fall, der allerdings weit harmloser verlief und ausging:

„Etwa um das Jahr 1852 verkehrte in Heidelberger Corpskreisen ein gewisser da Silva, von Südamerika kommend. Er wurde unbedenklich bei einem Corps aufgenommen, nachdem er erklärt hatte, dass er einer uralten Adelsfamilie gleichen Namens angehöre. Dieser nicht ganz waschechte Adelige trieb einen selbst für die opulenten Corps so enormen Luxus, dass seine Schulden bereits nach einigen Semestern eine kolossale Höhe erreicht hatten! Die murrenden Manichäer wurden stets damit vertröstet, dass eben das Schiff, welches die Rimessen bringen werde, nicht in Hamburg eingelaufen sei. Diese sehr bedauerliche Kommunikationsstörung, also speziell die ‚Wechselbriefe, die ihn nicht erreichten', verfehlte jedoch nicht, allmählich einen sehr ungemütlichen Einfluss auf die Gemütsstimmung der betreffenden Philister auszuüben, sodass sie, des langen Wartens müde, sich zu dem Entschluss aufrafften, einen großen Rat abzuhalten, dessen Endergebnis eine Kollektivklage gegen den ‚Pumpus von Perusia' siwe Brasiliensis war. Es erfolgte ein Ukas des Universitätsamtes, durch den da Silva bis zur Hebung der bereits vorliegenden Störung der Reiselinie dem Karzer einverleibt wurde.

Leider musste festgestellt werden, dass weder die häufigen Besuche der Freunde im Karzer, wobei stets eine Staunen erregende Menge von allerlei Spirituosen

Geert Seelig hat das vielleicht beste Büchlein mit Heidelberger Erinnerungen verfasst.

(natürlich nebst den nötigen Fressalien) vertilgt wurde, noch die schönen nächtlichen Ständchen vor dem ‚Palais Royal', welche der Nachbarschaft einen sehr musikalischen Genuss gewährten (die ‚Herrn' Hunde sollen auch mitgewirkt haben), den armen Eingespunnten für den Verlust der goldenen Freiheit zu entschädigen vermochten. Die betrübliche Tatsache erfüllte die Freunde so allgemach mit einem menschlichen Rühren, dass man einen Kriegsrat abhielt und beriet, wie dem Manne geholfen werden könne. Aber, o Jammer, die Kassen waren leer, und ihr Barbestand stand in einem geradezu katastrophalen Missverhältnis zu der Schuldenlast des Karzerlings.

Kurz nach dieser Beratung wurde jedoch die ehrwürdige Alma mater durch die schauderhafte Kunde aufgeschreckt, dass S. zu nachtschlafener Zeit meuchlings aus dem Karzer ausgebrochen sei und das Weichbild der Stadt verlassen habe. Ein entsetzliches Zetergeschrei der betreffenden Philister durchtönte die Stadt ob dieser Freveltat. Die Behörden waren selbstverständlich tief entrüstet und ganz baff über diese noch nie dagewesene Frechheit, während in der Professorenwelt ein allgemeines Schütteln des Kopfes geschah. Die

Vox Populi aber neigte zu der Annahme, dass das berühmte Faktotum des S.C., nämlich der rote Schiffer, mit einigen Spießgesellen diesen Ausbruch verübt hatte. Das Gelungenste dabei war, dass dem roten Schiffer, einem schlauen, siebenmal in der Wolle gefärbten Kunden, nichts bewiesen werden konnte und auch die intellektuellen Urheber nicht festzustellen waren.

In der Folge löste sich indessen glücklicherweise diese Geschichte in allgemeines Wohlgefallen auf. Ungefähr ein Jahr darauf begegnete nämlich ein Heidelberger Student während der Ferien in Luzern einem sehr eleganten Herrn mit einer ditto Dame am Arm. Beim Näherkommen zeigte sich zu gegenseitiger freudiger Überraschung, dass es kein Geringerer als der Herr S. war, der sich auf der Hochzeitsreise mit seiner jungen Frau befand.

Als nun der Student eine scherzhafte Anspielung auf den Heidelberger Karzer machte, sagte S. mit einem komischen Seitenblick auf seine Frau (Bankierstochter): ‚Na ja, diese Bagatelle hat Papa ja schon längst erledigt.'"

JETZT GEH ICH FORT

Geert Seelig erzählt in den „Erinnerungen eines Vandalen" u. a. die folgende Geschichte über den Pedellen Gredel, der um 1880 sein Amt versah:

„Im ‚Seppl' war eine Bierhocke. An Karzerurlaub war natürlich nicht zu denken, durchbrennen konnte aber der alte Gredel, so mitfühlend er auch war mit seinen Studenten, die ganze Gesellschaft doch nicht lassen. Am betreffenden Abend sagte er so zwischen 8 und 8.30 Uhr zu der treusorgenden Gattin: ‚Jetzt geh ich fort. Vor 11.30 Uhr komme ich nicht heim.' Frau Gredel schloss das große Straßentor und behielt den vorweltlichen Schlüssel. Nun ruht der gewaltige Bau dieser Doppeltür im Innern einfach auf zwei Türangeln an jeder Seite. Das Gewicht des Tores bedeutete für die starke Jünglingsschar nichts. Die Mannen stemmten sich an der Innenseite gegen die Stützen und Verstrebungen und hoben einfach das ganze verschlossene Doppeltor ungeöffnet und unbeschädigt aus den Angeln und schoben es nur wenig zur Seite, sodass ein Spalt entstand, durch den sie lautlos entschlüpften. Mit riesigem Hallo erschien die Flüchtlingsschar im ‚Seppl', saß den ganzen Abend als ein Schub Strafgefangener zusammen, feierte in einer Eile, was gefeiert werden konnte, um dann rechtzeitig zu verschwinden, einzuschlüpfen und das Tor wieder einzurenken, sodass Gredel – wenigstens nicht offiziell – nicht in die Lage kam, von diesem Ausflug seiner Lieblinge etwas zu erfahren."

ICH BIN UFF'M DAMM

Im Studentenkerker gibt es einige Bilder von der Verabschiedung der Straftäter mit einem zünftigen Umzug. Dass diese eigentlich verboten waren, wirkte offenbar wenig abschreckend. Originalität war gefragt. Am einfachsten war es, wenn man eine Verbindung hinter sich hatte. Und einen Dienstmann wie Johann Fries (1837 bis 1905, allgemein nur als Muck bekannt). Er soll ein besonders gutes Verhältnis zu den Corps gehabt haben. W. Hoenninger, der ihn als Verkörperung des feuchtfröhlichen Genius Loci von Heidelberg und einen markanten Vertreter der weinfrohen Pfalz charakterisierte, schrieb im Kurpfälzischen Jahrbuch 1927:

„Bei keinem Karzerumzug durfte Muck fehlen. Ein alter Herr der Suevia erzählt: Das Weihnachtsdiner 18.. zeitigte für mich Folgen, die mir u. a. 3 Tage Karzer einbrachten. Beim Antritt der ‚Strafe' wurde ich vom ganzen Bund, schwer in Ketten gefesselt, durch die Hauptstraße nach dem Karzer geführt, voran ein Fuchs mit einem Sofakissen und den Ordensauszeichnungen (Kotillonorden!), am Schluss kam Muck mit Bettzeug und dem Töpfchen der Nacht. Gefragt von einem

Auch während der Karzerhaft ließ sich, wie das Beispiel Geert Seeligs zeigt, ein Besuch im „Seppl" ermöglichen.

Fremden, was er treibe, erwiderte Muck: ‚Ich hab en Umzug, die Kaffeeschüssel steht owwe druff.‘ Als wir dann später Wiedersehen feierten im ‚Weißen Schwanen‘, hat sich Muck dermaßen übernommen, dass er im wahrsten Sinne des Wortes unter den Tisch fiel. Als wir ihn plötzlich vermissten und riefen, ertönte unter dem Tisch hervor seine tiefe Stimme: ‚Ich bin uff'm Damm.‘"

DER DICHTER IM KARZER

Eduard Heycks Namen sucht man im Heidelberger Karzer vergeblich. Dabei wurde der Dichter und spätere Herausgeber des Allgemeinen Deutschen Kommersbuches 1883 mit einigen Bundesbrüdern seiner Saxoborussia wegen Tätlichkeiten zu einer Haftstrafe verurteilt, die er allerdings aus Platzgründen im 3. Stock des Amtsgefängnisses absitzen musste. Die dortigen Räume wurden zu Karzern erhoben – ein besonderes Gefängnis im allgemeinen Gefängnis. In ihnen galt für die Zeit der studentischen Haft die Karzerordnung. Heyck und Co. stellten später fest, dass es sich im Amtsgefängnis besser als in der Augustinergasse saß.

Der Fall Heyck beschäftigte damals auch den Engeren Senat. Dabei stand das ganze Corps Saxoborussia auf dem Prüfstand. Der Prorektor und die Dekane der theologischen und medizinischen Fakultät forderten die Suspendierung der Korporation. Die fünf anderen Senatoren sprachen sich dagegen aus. So hob man nur den mahnenden Zeigefinger. In Zukunft drohte allen Corps ein Verbot, wenn ihre Mitglieder Kommilitonen gemein beschimpften oder auf eine andere Weise Tätlichkeiten provozierten. Sie hatten sogar die Verantwortung für Gäste zu übernehmen. Diese Härte wird verständlich, wenn man die Vorgeschichte kennt. Gerade die Corps hatten im Jahrzehnt nach der Reichsgründung häufig über die Stränge geschlagen. In den 70er-Jahren galt beispielsweise die Suevia als besonders schlimm.

Bei den Verhandlungen im Engeren Senat wurde zunächst das Urteil über den Rädelsführer Erich von dem Bussche gesprochen. Er erhielt drei Wochen Karzer und wurde für drei Wochen vom Universitätsstudium ausgeschlossen. Eduard Heyck war als nächster dran. Der Antrag des Disziplinarbeamten auf Relegation wurde verworfen. Der nächste Antrag, Heyck zu zehn Tagen Karzerhaft zu verurteilen, stieß auf ein Patt – vier zu vier. Damit war auch das vom Tisch. Schließlich erhielt Heyck sechs Tage akademisches Gefängnis und musste den Strafvollzug sowie ein Viertel der Gerichtskosten bezahlen. Ernst von Seydlitz erhielt zehn Tage Karzer, zwei weitere Studenten gingen straffrei aus. Zum Schluss gab es noch einen Rüffel für einen Rechtspraktikanten, der sich in den Corpskneipen herumtrieb und sich an den Ausschreitungen beteiligte. Die Korporierten haben sich offenbar nicht allzu lange an die Auflagen gehalten. 1898 entging das Corps Rhenania wegen fortgesetzter Disziplinarverstöße nur knapp der Suspension per Senatsbeschluss.

14 TAGE FÜR EINMAL „FASS"

Hunde spielten bei den Farbenstudenten der Kaiserzeit eine große Rolle. Nicht umsonst wurde auch ein Bismarck auf der Rudelsburg mit Vierbeinern dargestellt. Vor einhundertzehn Jahren erlebte ein Bundesbruder des Vandalen Geert Seelig folgende Geschichte, die 1933 veröffentlicht wurde:

„[…] die Hunde dienten auch höheren Zwecken. Vor allem hatten sie eine untrügliche Witterung für ‚Tretvögel'. So nannte man Belieferer jeder Art, die unbescheiden genug waren, zu uns unpassend dünkenden Zeiten in dringlicher Form auf Bezahlung einer Rechnung zu bestehen. Unrecht geschah diesen Leuten durch etwas Warten durchaus nicht; ihr Geld bekamen sie schließlich immer und für den Zeitverlust hatten sie sich von vornherein durch einen entsprechenden Preisaufschlag gedeckt. Solche Tretvögel glaubten besonders schlau zu handeln, wenn sie frühmorgens, wenn ihr Opfer noch im Bett lag, ihre Aufwartung machten. Aber wehe, wenn Nerolein, der als Schutz mit auf die Bude gekommen war, so einen sah oder nur klopfen oder auf der Treppe knarren hörte, dann richtete er sich schon empört halb auf. Öffnete aber eine solche Größe nur einen Spalt der Zimmertür, fuhr der Riesenköter los und brüllte und fletschte die Zähne, dass so ein Rechnungsträger nur froh war, heil davonzukommen.

An Georg v. Petersdorff, der im Sommer 1883 Dritter, also Schriftführer, war und daher von Amts wegen häufiger die Auszeichnung solcher Frühbesuche genoss, hatte sich Nero ganz besonders gewöhnt, wahrscheinlich, weil ihm dessen Sofa bequem als Lagerstatt war. Die Köter hatten ein unendlich feines Gefühl dafür, wer hundefest war oder nicht. Da, wo sie glaubten, sich etwas erlauben zu können, nahmen sie sich alles heraus, namentlich bei den Füchsen, die mit den Beestern noch nicht umzugehen verstanden und in der ersten Freude so ein Ungetüm mitgenommen hatten. Nero oder Sekt, oder wer es gerade war, pflegte dann sofort das Bett zu besetzen; der glückliche Budenbesitzer konnte dann sehen, wo er die Nacht unterkam. Jeden Versuch, seines Bettes sich zweckentsprechend zu bemächtigen, wies der freche Eindringling durch gefährliches Knurren und Zähnezeigen ab. Ein Glück nur, wenn dann am Morgen ein älterer Corpsbruder kam, die Bescherung sah, die entsprechenden Umgangsformen kannte und Nero, oder wer sonst der Sünder war, an Ort und Stelle die gehörige Salbung angedeihen ließ.

Aber mit Petersdorff und Nero ging es herrlich. Der Erstere schätzte den großen, treuen Hund als Schutz und Stütze in jeder Beziehung, er fasste Nero am Halsband oder Schwanz, wie es gerade traf, und dann zogen sie zusammen auf wohlbekanntem, nächtlichem Pfad ab. An einem Sonnabend, wo die Kneipe länger als bis ein Viertel nach elf gedauert, hatte Petersdorff diese geschenkte Zeitspanne ausreichend ausgenutzt. Zwei Heidelberger Knoten, ihres Zeichens Schlossergesellen, hatten wohl geglaubt, gefahrlos den Studenten mal verhauen zu können. Petersdorff rief aber nur ‚Nerolein! Hatz!' und auf diesen Kampfruf riss der Hund den ersten Angreifer zu Boden und drückte den zweiten, mannshoch wie er aufgerichtet war, mit den Vorderpfoten auf dessen Schultern, gegen die Wand, sein Riesenmaul mit den weißen Zähnen und der glibberigen roten Zunge weit aufreißend. Nun fingen die Schlossergesellen, die wohl um Leben und Gesundheit fürchten mochten, ein Mordsgebrüll um Hilfe an. Es war aber in Wahrheit gar nicht so gefährlich, denn Nero schauspielerte nur und tat Menschen nie etwas zuleide. Immerhin erschien sofort Polizei – die Sache passierte gleich hinterm ‚Prinz Karl', dicht bei der Wache. Den Angriff konnten die Schlosser nicht leugnen, Nero konnte man auch nichts tun, denn er hatte den vorgeschriebenen Maulkorb – den ‚Hundehut', den die Köter immer selbst heranapportieren mussten – getragen. Die Polizei hatte allerdings nicht gesehen oder vielleicht nicht sehen wollen, dass die Riemen am Maul wie immer durchschnitten waren. Immerhin blieb Petersdorff daran hängen, dass ‚er Hunde auf Menschen gehetzt' hatte und bekam vom Universitätsgericht –

‚dem Bierrichter', der begreiflicherweise unserer ganzen Hundewirtschaft nicht besonders grün war – zwei Wochen Karzer aufgebrummt. Als er diese einige Zeit später antrat, saß dort schon der kunstbegabte Augustin, der ein famoses Porträt des Corpsbruders an die Wand unseres besonderen Karzerzimmers malte. Keiner von uns ahnte damals, wer draußen vor der Tür schon auf unseren armen Petersdorff lauerte. Im nächsten Winter war ich für einige Zeit Ehrengast jener geschichtlichen Stätte. Tränenden Auges habe ich damals um das Bild des lieben Freundes, der nun schon zwei Monate tot war, Lorbeerkranz mit Totenkreuz und Sterbetag gemalt. Den Corpshunden ist übrigens sogar die Ehre angetan, im S.C.-Comment zu erscheinen."

TROSTBESUCH MIT FLASCHEN

Wenn einer etwas geworden ist, fällt es ihm umso leichter, von schönen Jugendzeiten zu schwärmen. Das klingt auch in der beglückten Rückschau auf neun Jahrzehnte des späteren Mathematikprofessors Lothar Heffter an. Er kam 1882 nach Heidelberg und wurde bei der Verbindung (heute Burschenschaft) „Vineta" aktiv. Sie war damals offenbar recht locker und trug öffentlich keine Farben, gab aber unbedingte Satisfaktion.

Unter seinen Histörchen ist auch die Geschichte des Otto Troß, der am Schluss seines Berichtes von einer Audienz beim Großherzog Friedrich I. seinem Landesherrn die Worte in den Mund legte: „„Na, Herr Troß, Sie bleibe doch bei uns zum Mittagesse?' – ‚Wenn Eure Kgl. Hoheit gestatten, sehr gern!', worauf der Großherzog die Tür zum Nebenzimmer leicht geöffnet und hinausgerufen habe: ‚Luis, tu noch e Kottlett mehr in die Pfann, der Otto Troß aus Heidelberg isst mit!'‟

Im Gegensatz zu dem Frankonen Eugen Rademacher schaffte es Heffter offenbar vergleichsweise leicht, sich den Wunsch nach einem Aufenthalt im fidelen Gefängnis zu erfüllen:

„Als Heidelberger Student hatte ich das lebhafte Bedürfnis, auch den *Karzer* einmal als Gast kennen zu lernen. Beim Heimweg von der Kneipe durch die Hauptstraße brauchte man nur mit dem Stock an einem herabgelassenen Rolladen hinunterzurasseln, um einen ‚Polypen' (Schutzmann) herbeizulocken und sich von ihm aufschreiben zu lassen, worauf nach einigen Tagen ein Strafmandat über einen Tag Karzer folgte. Ein darin bewanderter Dienstmann schaffte eine Matratze für die harte Holzpritsche und sonstiges Schlafgerät in das historische Lokal, und man trat die Strafe an. Ein Tag war fast zu kurz, um alle Malereien und Poesien auf Tisch und Wänden zu studieren. Zudem erhielt man ‚Trostbe-

Streit war vorprogrammiert, wenn, wie hier im Jahre 1835, ein Student einen Bürger „Knoten" nannte.

such' von Freunden, um mit ihnen einige Flaschen zu leeren, die überflüssiger-, aber romantischerweise in einem Korb mit einem Strick in die Höhe gezogen wurden. Auch hatte ich von elf bis eins ,Urlaub zum Kollegbesuch', der in einer gegenüberliegenden Kneipe mit hübscher Kellnerin zu einem Frühschoppen benutzt wurde. Und trotz alledem empfand ich die Freiheitsberaubung bedrückend und stellte mir die Gefühle eines wirklichen und für längere Zeit Gefangenen vor."

MÜTZE AUFBEHALTEN – 14 TAGE KARZER

Folgende Geschichte beleuchtet auf eindrucksvolle und zugleich amüsante Weise das Verhältnis zwischen den Verbindungsstudenten am Ende des 19. Jahrhunderts und ihre Beliebtheit in der Stadt.

Uralte Streitigkeiten waren der Grund für eine Reihe von Kontrahagen und Auseinandersetzungen vor dem studentischen Ehrengericht. Zwei junge Corpsstudenten gerieten dabei in Verruf. Das war strafbar – natürlich nur, wenn jemand „petzte". Die beiden in Verruf geratenen Herren durften nach dem Komment nicht mehr gegrüßt werden. Zum Boten der schlechten Nachricht wurde Geert Seelig auserkoren. Er besuchte einen der Herren auf dessen Bude. Bei seiner Mitteilung behielt er die Mütze auf dem Kopf. Die Folge: Der Herr zeigte Seelig, selbst Mitglied des Corps Vandalia, beim Senat an.

„Ohne weiteres bekam ich 14 Tage Karzer, wobei als Strafverschärfungsgrund ausdrücklich angeführt war, ich hätte im Hause des Herrn Soundso den Anstand außer Acht gelassen, indem ich die Mütze nicht abgenommen hätte. Das war kleinlich und lächerlich, und ich war plötzlich ohne mein Zutun und ganz ohne mein Verdienst und Würdigkeit in die Rolle eines Märtyrers für die gute Sache und den Heidelberger S.C. geschoben, denn die Anzeige beim akademischen Gericht wurde als ein Schlag ins Gesicht altüberlieferter studentischer Anschauungen angesehen. So etwas war seit Menschengedenken nicht vorgekommen, die Meinung der ganzen Studentenschaft stand auf unserer Seite. Der Lärm ging nun aber erst recht los. Die Zahl der Kontrahagen, die nach unserer Meinung die Jenseite provozierten, in der vorgefassten Meinung, doch nicht herauszukommen, schwoll unheimlich an. Wir gaben uns alle Mühe, die Gegner vor die Klinge zu bekommen. Sogar der Verruf gegen die beiden ersten Widersacher sollte fallen, wenn sie jetzt noch herauskämen. Jede Konzession wurde angeboten. Schwarze Waffen, abgetretene Korona, Wahl des Unparteiischen durch den Geforderten. Nur von zwei Dingen konnten wir nach Kösener Gesetzen nicht los: Der S.C.-Paukkomment sollte gelten und der Unparteiische sollte ein Corpsstudent sein. Alles wurde abgelehnt unter dem Motiv, die Grundsätze der Jenseite erlaubten das nicht. Die Sache war also bis auf den Grund verfahren. Nun wütete der

Senat mit Karzerstrafen gegen alle irgendwie Beteiligten auf unserer Seite. Dem Senat wurde eben alles zugetragen. Allerdings bekamen auch manchmal die Gegner Karzer. Wir meinten aber, die Eingesessenen und Angehörigen jener alten Heidelberger Kreise würden milder angesehen als wir. Auf jeden Fall wurden ich und eine Anzahl Leidensgefährten, anstatt dass man uns die sonst immer gewährte Erlaubnis gab, den Karzer während der Ferien abzusitzen, unter scharfen Androhungen zum alsbaldigen Strafantritt angehalten und ebenso uns die übliche Ausgeherlaubnis zum Kollegienbesuch geweigert. Davon war auf der anderen Seite nicht die Rede.

Ich zog friedlich ausgerüstet ein, nämlich mit Büchern und meinem Malkasten. Ein Corpsbruder schickte mir das Neueste vom Jahr, einen Triumphstuhl. Ich las, rauchte (was ich nur als Aktiver betrieben habe) und malte Zigarrenspitzen. Ich hatte die Erfindung gemacht, eine damals übliche Art hölzerner Zigarrenspitzen, die gleich den Pfeifen kleine Köpfe trugen, in der Art eines Miniaturmalers mit dem Corpswappen oder dem Familienwappen des Trägers zu versehen. Die Dinger, bei denen das hölzerne Köpfchen nicht viel größer als ein Spatzenei war, sahen allerliebst aus, und da sie nicht zu kaufen waren, sondern nur als Dedikationen von mir zu beschaffen, waren sie ein beliebter Ulk. Die miniaturartige Malerei hatte ich beim Abzeichnen und farbigen Darstellen meiner Münzen herausgekriegt. Die erste dunkle Januarwoche verging mir rasch genug, ich hatte den ganzen Karzer für mich, Reue spürte ich keineswegs wegen meiner Taten, sondern kam mir im Gegenteil vor wie ein edler Dulder für das Ganze. Tagsüber hatte ich viel Besuch, auch als S.C.-Märtyrer von den anderen Corps, und abends saß ich unten bei Frau Gredel. Vater Gredel ging unwandelbar an seinen Stammtisch. Meine alte Freundin wusste unendlich von Heidelberg und den großen Häuptern der Gelehrtenrepublik zu erzählen, namentlich allerlei, was man in Büchern nicht lesen konnte. Ihr Hauptstolz war aber doch die Geschichte, wie die Tochter ihres Vorgängers die Frau eines berühmten Hamburger Mediziners geworden war.

Nachdem aber diese Woche abgelaufen war, war es auch mit der Karzeridylle vorbei, denn nun rückte der viel bestrafte S.C. sektionsweise ein, die meisten so oder so in den gleichen Streit wie ich auf irgendeine Weise verwickelt. Die gleiche Sünde machte aus uns eine große Leidensbrüderschaft, unter einem Dutzend waren wir nie. Für Essen und Trinken war aufs Beste gesorgt, und wenn abends der zahlreiche Tagesbesuch verschwunden war, hub in den einzelnen Zellen ein gründliches Skatspiel oder Cerevis oder Quodlibet an.

Die vier Karzerzimmer reichten nicht aus, sogar unten in der Pedellenwohnung wurden die Sträflinge untergebracht. Da so ziemlich alle Chargierten saßen, mussten – in Heidelberg etwas ganz Unerhörtes – sogar zwei ordentliche Bestimmtage [Tage, an denen verabredete Mensuren stattfanden, E.O.] ausfallen. Nun aber griff die Heidelberger Bürgerschaft ein. Sie sah in den Vorgängen eine unbillige Behandlung der Corps, mit denen sie sich mehr oder weniger eins, auf Gedeih und Verderb verbunden fühlte.

Zunächst machte sich die Narrengesellschaft, die uns zum Fastnachtsfrühschoppen einzuladen pflegte, das Vergnügen, eine mit fingerdickem Trauerrand versehene Anzeige im Heidelberger Tageblatt zu veröffentlichen, nach der der Fastnachtsfrühschoppen dieses Jahr ausfallen müsse, weil ein Hoher Akademischer Senat den wohllöblichen S.C. zur Hauptsache ins Karzer gesperrt habe. Als Ersatz wurde dann mit dem Rest am Fastnachtsdienstag ab elf Uhr früh mit der Narrengesellschaft im ‚Goldenen Reichsapfel‘ ein sehr ausdauernder Becherlupf gehalten. Hier erblickte – wenigstens für uns – das sinnig schöne Lied auf den Seppl das Licht der Rampe:

> Ei! Wo bleibt mein Josephche, Josephche so lang?
> Josephche mein Zuckerstengel, Josephche mein süßer Bengel
> Ei! Wo bleibt mein Josephche, Josephche so lang?

Punkt zwölf Uhr erloschen alle Lichter. Ein riesiger transparenter Mond durchschwebte an einem Draht das Lokal und die ganze Blase sang wehmütig zu quietschender Flötenbegleitung (alle vierzehn Verse durch):

> Guter Mond, Du gehst so stille
> In den Abendwolken hin,
> Bist so ruhig, und ich fühle,
> Dass ich ohne Ruhe bin.
>
> Traurig folgen meine Blicke
> Deiner stillen, heitern Bahn.
> O, wie hart ist mein Geschicke,
> Dass ich Dir nicht folgen kann.
>
> Geh' durch Wälder, Bach und Wiesen,
> Blicke sanft durchs Fenster hin,
> So erblickest Du Elisen,
> Aller Mädchen Königin.
>
> Nicht in Gold und nicht in Seide
> Wirst Du dieses Mädchen sehn,
> Im gemeinen netten Kleide
> Pflegt mein Mädchen auszugehn!

Nachmittags durchtobte das Rodensteinsche Wilde Heer die Stadt. Aber dem Bier im ‚Goldenen Reichsapfel‘ war die Gabe holder Behütung beigegeben. Nichts passierte, nicht einmal dem guten Salmuth (der sich während der Spartakus-Unruhen als Polizeipräsident von Lichtenberg mit seiner Gattin zusammen so besonnen und tapfer verhalten hat), als er im Karnevalskostüm hoch auf einem Heidelberger Mietsgaul auf der Hauptstraße trotz Schlidderschnee kühnlich in Anna Klingels Schuhladen ritt, in dem engen gläsernen Vogelbauer mitsamt seiner Theke und den Schuhschränken seine Kracke wendete und heil und glücklich von den Mettlacher Fliesen durch das Lineal von Tür die drei glibberigen Stufen wieder herabkam.

Dann aber zog eine Abordnung der Bürgerschaft unter Joseph Ditteneys [der populäre Wirt des „Seppl", von dem die Gastwirtschaft ihren Namen hat, E.O.] Führung nach Karlsruhe zu einer Audienz beim Großherzog. Er, allzeit der verständnisvolle und feine Schützer seiner Heidelberger Sonnenjünger, half nicht zum ersten Mal gegen akademische Unduldsamkeit und griff auch sofort zu unsern Gunsten ein. Der Seppl kam mit seinen Freunden heim wie ein Triumphator und gab am nächsten Tag dem gesamten S.C. ein Abendessen mit Türmen von Butterbroten, wahren Schwadronen von Landreitern und Strömen seines eigenen Gebräus. Das war eine Verbrüderung, wie sie Alt-Heidelberg seit Menschengedenken nicht gesehen hatte. Und um diese Stunde nicht der Vergessenheit anheim fallen zu lassen, stifteten die Corps ihre Wappenritter als Glasfenster ihrem treuen Parteigänger, die heute noch die fünf Fensterflügel im alten Sepplzimmer ausfüllen."

DER GRÜNE HERKULES

„Einstmals hatte Mathias v. d. Schulenburg, der unermüdliche Meister in eigenartigen, aber niemals verletzenden Streichen, gewettet, er würde den Sandstein-Herkules, der den Brunnen auf dem Marktplatz bei der Heiliggeistkirche krönt und damals unmittelbar vor der Polizeiwache stand, der Obrigkeit zum Spott und Trotz mit grüner Ölfarbe anstreichen. Dazu ward ein feiner Plan erdacht. Zwei Corpsbrüder lockten zuerst unter irgendeinem faulen Vorwand den Polizeiposten vor der Wache um die Ecke, zwei andere drehten die Kandelaber aus. Sowie damit die wünschenswerte Dunkelheit geschaffen war, schlich Schulenburg aus seinem an der Nordseite des Platzes gelegenen Bau hervor, mit einem Henkeltopf voll grüner Ölfarbe und einem großen, auf eine Stange gebundenen Pinsel bewaffnet, und strich in aller Ruhe, durch Finsternis, Brunnenaufbau und Statue gedeckt, den Heroen gründlich hoffnungsgrün an, um dann unentdeckt zu verschwinden. Kein Mensch hatte etwas gemerkt, und der Jubel der Marktweiber, die auf so etwas geeicht waren, war bei der Entdeckung der Verschönerung ihres Schutzpatrons am nächsten Morgen unbeschreiblich. Nun musste unter allgemeiner Heiterkeit der gesamten Heidelberger Bevölkerung die Polizei wohl oder übel nach dem Urheber dieses frevelhaften Hohns fahnden. Sie hätte ihn nie und nimmer erwischt, wenn Schulenburg, nachdem er mit seinem langen Pinsel noch verschiedene Heldentaten ausgeführt hatte, nicht den Farbentopf mit nach Hause genommen und ihn unbedacht beim Aufschließen der Haustür niedergesetzt hätte. Das hatte auf der Sandsteinschwelle einen verräterischen grünen Krink gegeben. Schulenburg ruhte noch von seinen Heldentaten im Bett seines handtuchschmalen Zimmers im dritten Stock vorn nach dem Markt aus, als nach höflichem Klopfen unser alter Freund, der Wachtmeister Firneisen, sich einstellte. Lächelnd sagte der Alte, der an solchen Geschichten selbst den größten Spaß hatte, dem guten Schulenburg, der zuerst natürlich überhaupt nicht wachzukriegen war, ohne weiteres die Tat auf den Kopf zu. Schulenburg, der mit seinem biederen Aussehen und seinem großen Schnurrbart ein unglaublich dämliches Gesicht aufsetzen konnte, wies entrüstet alles von sich und gab eine anschauliche Schilderung seines durchaus harmlosen Lebenswandels während der letzten 24 Stunden. Der Alte hörte ihn höchst behaglich an, um dann nur zu sagen: ‚Lasse Sie das man gut sein, Herr Graf. Mir habbe ja den grüne Fleck von Sie ihre Farbetopf.' Diese drollige Szene verstärkte aber nur die Lust der Philister an dem ganzen Spaß. Nun gab es einen regelmäßigen Abendschoppen der angesehenen Bürger im ‚Essighaus', an dem Leute wie der bekannte Dr. Beinhauer, ein alter Schwabe, und Immisch teilnahmen, aber auch der Universitätsrichter. Und der wurde in diesem ‚Mandarinia' genannten Kreis richtig zu der Zusicherung gebracht, dass Schulenburg mit zwei Tagen

Karzer davonkommen solle. So geschah es. Er bekam seine zwei Tage zudiktiert, was für ihn durchaus keine Strafe, sondern nur ein neues lustiges Zwischenspiel bedeutete, und musste sich verpflichten, den Herkules wieder rein zu machen.

Als Mathias Schulenburg seine beiden Tage wegen des grünen Herkules absitzen sollte, zog er mit einer großen Wasserspritze ein. Die Fenster nach der Straße trugen zwar ein leichtes Drahtgitter, er konnte aber bequem in eine Nähschule oder dergleichen Versammlung junger Damen, die über die schmale Gasse hinüber an dem heißen Sommertag bei offenen Fenstern ihr Wesen trieb, hineinspritzen. Es dauerte natürlich zu des Attentäters und vielleicht auch zu der Mädchen großer Freude eine ganze Weile, bis die Leiterin hinter die Erklärung dieses Naturphänomens, des Regens in ihrer Stube bei blauem Himmel, kam und die Fenster schloss. Aber so rasch ergab Mathias sich nicht. Am nächsten Morgen wurden eine große Glasröhre als Pusterohr und eine Portion Knallerbsen in den Karzer geschmuggelt. Ein Spießgeselle beschoss das Fenster gegenüber. Diese Knallerei machte die Alte drüben denn doch zu neugierig, sie öffnete das Fenster, um Umschau zu halten. Auf den Augenblick war gewartet. Sowie die Alte sich hinausbeugte, erhielt sie eine gut gezielte Ladung aus der Spritze. Nun war der Scherz vorbei. Schulenburg bekam – wieder echt heidelbergerisch – eine niedliche Zuschrift von der Gesellschaft drüben, sie sei unterlegen, er habe sie besiegt. Und als Sieger möchte er sie jetzt verschonen. Wie weit geheime, dem Historiker nicht durchschaubare Kräfte bei diesem Vorfall mitgewirkt haben, lasse ich dahingestellt."

(Die Geschichte stammt aus dem Erinnerungsbuch von Geert Seelig).

FÜRSTLICHE VETTERN

An dem 1864 in Landshut geborenen Mitglied der Suevia, Theodor Bumiller, kommt keine humorige Heidelberger Universitätsgeschichte vorbei: Zweimal, laut Karzerbuch, saß der große Fechter im Karzer. Sechzigmal, einige meinen sogar hundertmal, soll er auf Mensur gestanden haben. Vergleichsweise ausführlich berichtet Geert Seelig über ihn:

„Wenige Tage nach unserer Heimkehr focht ich meine Rezeptionspartie mit einem Schwabenfuchs Theodor Bumiller aus Mannheim. Er deckte mich denn auch so gründlich zu, dass Immisch ordentliche Mühe hatte, mich aus einem Beefsteak à la Tartare wieder zu einem einigermaßen repräsentablen Vandalen zurechtzuflicken. Dass ich ihn auch so gehascht hatte, dass er fortan auf Mensur immer ein Leder tragen musste, machte meine eigene Abfuhr nicht geringer. Etwa vier Wochen musste ich mit meiner Kompresse herumlaufen und geschont werden, hatte aber als Jungbursch herrliche Zeit für mich.

Diesem Gegenpaukanten Bumiller muss ich aber einige getreue Worte des Gedenkens schreiben, nicht nur, weil ich ihn so gern mochte und weil er in der Erscheinung das Urbild eines Corpsstudenten war, sondern weil ihm ein Leben von erschütternder Tragik vorausbestimmt war … Bumiller war rank und schlank, mit einem Kopf wie ein Fleisch gewordenes Haupt aus hellenistischer Bildhauerhand. Er war reich und elegant, liebenswürdig, von vollendeten Formen, daneben ein gewaltiger Zecher und lange Zeit die berühmteste Klinge Heidelbergs. Aber alles überbrauste sein Temperament. Nach seinen Heidelberger Semestern ward er in Göttingen noch Hannoveraner, die Georgia-Augusta ebenso mit seinem Fechterruhm erfüllend wie die Ruperto-Carola. […]

Nach Heidelberg zurückgekehrt, hatte Bumiller irgendeinen Zwist mit den Frankonen, mit denen als Burschenschaftern er nach dem damaligen Komment nicht fechten durfte. Kurz entschlossen trat er aus dem Corps aus und belegte bei den Alemannen Waffen. Was er auf diesem Wege unter seinen Feinden anrichtete, war so arg oder wurde wenigstens so befürchtet, dass der Senat diese Mensuren ein- für allemal störte. Auch mit dem Mannheimer Offizierscorps hatte er dann irgendwelchen Hallo, der zu den schärfsten Zusammenstößen auch nach der prinzipiellen Seite führte. Mittlerweile machte Bumiller den Dr. phil. und wurde irgendwie mit Witzmann bekannt. Den begleitete er auf einer Durchquerung Afrikas. So ward er kaiserlicher Regierungsrat. Was nun folgt, kenne ich nur bruchstückartig. Eines Tages brach er mit allem, was ihn bisher ausgefüllt hatte, und trat als Mönch in ein Kloster. Was ihn da wieder fortgetrieben hat, weiß ich nicht. Auf jeden Fall ging er in einem der den Weltkrieg präludierenden Balkan- und Orientkriege als Berichterstatter an die Donau. Da starb er jählings an der Cholera und liegt irgendwo im Ufersand des Schwarzen Meeres eingescharrt.

Bumiller und ich hatten uns schon als Krasse angefreundet bei Gelegenheit des Fastnachtsfrühschoppen im ‚Silbernen Anker‘, wo Nerolein in unübertrefflicher Würde vorm Lokal saß. Bumiller hatte eine graue Dogge Ulf, mit der Nero nicht recht fertig werden konnte, weil Ulf als junger Hund ein besseres und schärferes Gebiss hatte. Bumiller bewunderte aber Nero in seinem ganzen Verhalten und seiner unerschütterlichen Hundewürde auf das Allerhöchste. Und dass diesen liebenswürdigen und äußerlich ganz in eine bürgerliche Zukunft passenden Jüngling, der mit mir an dem hellen Februartag bei den Hunden auf der Neuenheimer Landstraße stand und gemütlich mit mir anstieß, ein Mannesschicksal umwittern sollte, wie es heute der Dichter eines Abenteurerromans sich kaum ausdenkt, das bewegt mich immer noch und verklärt mir sein Angedenken.

Zum letzten Mal sah ich Bumiller 1886 beim fünfhundertjährigen Jubiläum der Universität. Im großen Festzug war dem S.C. die Gruppe zugefallen: Friedrich der Siegreiche kehrt aus der Schlacht von Seckenheim zurück. Das ist die Geschichte, die jedes Schulkind kennt:

> Von Württemberg und Baden
> Die Herren zogen aus,
> Metz des Bischofs Gnaden
> Vergaß das Gotteshaus.

Der Held Bumiller war auch hier der Held. Man hatte ihm die echte Rüstung des Kurfürsten aus der Ambraser Sammlung anziehen wollen. Die war aber dem Sohn unserer Zeit viel zu eng. So hatte er sich eine neue, genau nach dem Vorbild, machen lassen. Das breite Schlachtschwert gezogen, saß er auf dem schweren Schlachtross, das an dem glühend heißen Heidelberger Augusttag bei dem endlosen Ritt durch die engen Gassen der Belastung kaum gewachsen war. Bumiller hatte sich sein braunes lockiges Haar lang wachsen lassen. Den Helm im Nacken, trug er den grünen Siegerkranz um Haupt und Stirn. Er sah aus wie ein italienischer Condottiere, der sich ein Fürstentum zusammengeklopft hatte. In Gestalt, Haltung und mit dem halb lächelnden, halb verächtlichen Blick, ganz ein Halbgott aus jener Zeit der Übermenschen. Als der Zug an der erhöhten Bühne des Großherzogs von Baden vorüberwallt, pariert der Sieger sein Ross und salutiert mit dem Schwert. Der Großherzog fragt den neben ihm stehenden Staatsminister interessiert, wer das sei. Der sagt schmunzelnd: ‚Studiosus Bumiller aus Mannheim, Königliche Hoheit! Drei Monate Festung.' Der Großherzog lacht und erwidert: ‚Ach was! Fürstliche Vettern stecken einander nicht ein. Erledigt!'"

EIN HUT FÜR MARSCHALL WREDE

Im Aufgang zu den Karzerräumen fällt ein kleiner Mann mit Hut auf: Carl Philipp von Wrede (1767–1838) war bayerischer Marschall, er wurde in Heidelberg geboren. Im Jahr 1813 haben von ihm geführte Truppen sogar Heidelberg eingenommen. Das vom bayerischen König gestiftete Denkmal, es stand in den heutigen Friedrich-Ebert-Anlagen, war häufig Opfer studentischer Späße. 1940 wurde Wredes Denkmal für Kriegszwecke eingeschmolzen. Erhalten blieb dagegen das Wrede-Denkmal vor der Münchener Feldherrnhalle.

Wredes Kopfbedeckung ist – natürlich – eine studentische Zutat. Im Tagebuch des Heidelberger Frankonen Eugen Rademacher steht dazu zu lesen:

„Am 30. April 1894 stieg auf unserem Hause die berühmte Maikneipe bei einer ausgiebigen Waldmeisterbowle. Etwas vor zwölf Uhr wurden große Trinkhörner mit Met gefüllt, und dann zog die ganze Frankonia hinauf zur Schlossterrasse und zum Scheffel-denkmal, wo dann um zwölf Uhr das Lied angestimmt wurde: Der Mai ist gekommen. Der so stimmungsvoll begonnene Tag wurde dann weiter durch einen Bummel durch Heidelbergs Gassen gefeiert und endete damit, dass dem Fürsten Wrede, der ja in Heidelberg ein Denkmal für Verdienste bekommen hatte, die niemand kannte, ein mächtiger Hut auf sein Haupt gesetzt wurde. Da staunten am nächsten Morgen die Heidelberger Philister nicht schlecht über diese halsbrecherische Heldentat. Studentischer Ulk wurde häufig verübt. Schilder wurden abgenommen und verschleppt. Die Gaslaternen wurden ausgelöscht oder gar beschädigt. Einmal hatten wir zwölf Hunde zusammengebracht und sie mit Hüten, Zylindern und sogar mit Damenhüten ausgerüstet. So wurde dann mit diesen Kötern ein Umzug durch die Stadt gemacht. Da gab es dann zu lachen für die Heidelberger. Ein andermal, als die Sonne so recht vom Himmel herunterbrannte, rüsteten wir uns alle mit chinesischen Papierschirmen und Papierfächern aus und zogen so durch die Straßen. Die Sehnsucht aller war, wegen so eines Ulks mal in den Carcer zu kommen und dann in dem üblichen feierlichen Aufzuge dahin geführt zu werden. Leider gab es aber nur ganz selten Carcer, sondern meist Polizeistrafen. So ging es einst auch mir. Als ich wegen nächtlichen Randalierens in der Hauptstraße und wegen allzu lauten Gröhlens durch polizeiliche Strafverfügungen 6 M aufgeknallt bekam."

Von einem anderen Wrede-Ulk berichtet das Gedicht eines Rechtsstudenten, das heute noch im Treppenhaus zu lesen ist:

Heidelbergens Promenade
Ziert ein stolzer Bronzeheld.
Marschall Wrede, den voll Gnade
Dort sein Koenig aufgestellt.
Wrede, der so kühn und glücklich
Niemals eine Schlacht gewann.
Doch ich meine: Nicht sehr schicklich
Ward belohnt der große Mann.

Steht mit unbedecktem Haupte
Tag und Nacht im Wetter da.
Daß mir's oft die Ruhe raubte,
Wenn ich drob ihn leiden sah.
Jüngst mit wackren Kneipgenossen
In des Essighauses [eine Heidelberger Gaststätte,
E.O.] Stall,
Ward ein edles Werk beschlossen
Für den armen Feldmarschall.

Ich empor am Piedestale
Kletternd setz' ihm auf den Hut.
Eine irdne, weiße Schale,
So man nachts benutzen tut.
O, das muß der Neid ihm lassen,

Daß der Topf ihm prächtig stand.
Aber die Polypen hassen
Solch Gebild von Studios Hand.

Abgeführt wie ein Verbrecher
Ward' ich ohne Sang und Klang.
Doch erhoffet nicht, ihr Schächer,
Daß der schnöde Plan gelang.
Wenn ich heut im Karzer wohne,
Ehre bringt es, Lob und Zier,
„Dem Verdienste seine Krone!" –
gilt bei Wrede und bei mir.

EINBRUCH IN DEN KARZER

Im S.C.-Raum fällt eine „Votivtafel" an der Wand auf. „Vom Pfropfenzieher" steht in Klammern, und darunter das Gedicht:

Des Amtmanns Sinnen ist finster und bös
(Der Herrgott uns von ihm erlös)
v. Trotha u. Sr. J. Hue de Grais
– beide Saxo-Borussiae

Sie werden von ihm eingesponnen
Doch bald ist eine List ersonnen
Sie öffnen ihres Kerkers Tür
Unglaublich! mit nem Pfropfenziehr.

Am Tage wurde zu Füßen des bayerischen Marschalls Wrede gehandelt. Nachts setzten ihm die Studenten gerne mal einen Hut auf.

Entwichen fröhlich dem Gefängnis
Doch bald schon naht sich das Verhängnis
Der böse Amtmann mischt sich drein
Sperrt sie 4 weitere Tage ein.

Zu retten der Tat Erinnerung
schrieb diese Verse stud. jur. Jung
vom 31.XI. – 6.XII. 1903.

Was es damit auf sich hat, ist durch die Erzählung v. Trothas überliefert, der den vielleicht einzigen Einbruch in den Karzer vollbrachte:

„Als ich I. Chargierter vom Corps Saxoborussia 03 – 04 war, musste ich wegen einer dringenden Angelegenheit den damaligen XX., der gerade im Karzer saß, aufsuchen. Der Pedell verweigerte mir den Besuch. Ich wusste, dass von der Universität aus, neben dem Rektoratszimmer, eine Verbindungstür zur Treppe des Karzers, die sehr oft offen war, führte. Leider war sie an diesem Tag zu. Mit Hilfe eines Pfropfenziehers gelang es mir, das Schnappschloss aufzumachen, und so konnte ich meinen Corpsbruder besuchen. Im Aufbruch begriffen, fasste mich der Pedell ab. Ich erhielt für Einbruch in den Karzer drei Tage, die ich mit meinem Corpsbruder, Graf Hue de Grais, der wegen ruhestörenden Lärms ebenfalls drei Tage erhalten hatte, sehr vergnügt zubrachte. Da die Pedellin uns gewogen war, erhielten wir alles, was wir uns wünschten, insbesondere auch den nötigen Alkohol.

Unglücklicherweise erhielt ich am zweiten Tag unseres Aufenthalts die Nachricht, dass ich sofort auf den Riesenstein, unser Corpshaus, kommen sollte. Ich benutzte die Mittagsstunde, in der der Pedell meistens schlief, um wieder den Karzer auf demselben Wege und mit demselben Pfropfenzieher zu verlassen. Als ich nach einer Stunde zurückkam, stand drohend an der Karzertür der Pedell und verlangte von mir den Nachschlüssel. Meinen Angaben, dass ich mit einem Pfropfenzieher das Schnappschloss zurückgedreht hätte, glaubte er nicht. Ich wurde von dem Amtmann wegen Ausbruchs und Einbruchs in den Karzer mit einem Nachschlüssel zu drei Tagen verurteilt. Meine Beschwerde bei dem damaligen Rektor S. M. v. Czerny hatte keinen Erfolg, er war sogar sehr empört, dass ich einen Nachschlüssel benutzt hatte. Ich konnte mich von diesem Vorwurf nicht reinwaschen. Die Anordnung des Amtmanns, dass ich über die Weihnachtstage die Strafe absitze, habe ich natürlich nicht befolgt, sondern fuhr vergnügt in die Ferien und kam Anfang Januar mit einem Attest zurück, was meine Haftunfähigkeit, infolge einer schweren Erkältung, bescheinigte. Dann trat ich erst die Strafe an. Der Angehörige des Corps Suevia, Jung, der wenig später nach mir den Karzer bezogen hatte, malte unser Konterfei und das Gedicht an die Wand, wo beides heute nach 54 Jahren noch zu sehen ist.“

Auch der Engere Senat hat den beiden Studenten nicht geglaubt. Ihr Einspruch wurde verworfen. Hofrat

Jellinek monierte, dass die Karzerordnung durch den Genuss geistiger Getränke übertreten wurde. Der Engere Senat drohte gar den Bösewichtern, dass sie ihre Strafen nicht gemeinsam absitzen konnten. Der Pedell wurde ernstlich ermahnt, besser auf seine Schutzbefohlenen zu achten, und der Disziplinarbeamte erhielt den Auftrag, regelmäßig zu kontrollieren.

TANZ MIT DEN PEDELLENTÖCHTERN

Über ein ausgesprochen lustiges Karzerleben berichten die Mitglieder der Landsmannschaft Zaringia Schomburg und Vollhard. Ihre Namen sind noch heute an den Wänden zu lesen. Offensichtlich war das fidele Gefängnis schon 1904/05 ein Fremdenverkehrsmagnet.

„Nicht selten erhielt der Delinquent auf dem Weg zum Karzer ein feierliches ‚Karzergeleit‘. Es bestand aus Richtern im Ornat und mit Perücken, aus dem blutigen Scharfrichter und dem Delinquenten hoch zu Wagen. Dahinter kam der Chor der Klagemänner und -weiber.

Verschiedene Bundesbrüder haben mit dem Karzer nähere Bekanntschaft gemacht, so: Ludwig Berg, Wilhelm Deubner, Otto Fell, Martin Henglein, Fritz Kessler, Fritz Köhler, Schmidt de Neuville, Walter Vollhard.

Es war nicht schwer, Karzerstrafe zu erhalten. So berichtet AH. Walter Schomburg aus seiner Aktivenzeit (1904–05), dass die Beschimpfung eines Schutz-mannes mit dem Ausdruck ‚Alte Kuh‘ Karzerstrafe ausgelöst habe. Mein Bundesbruder Vollhard und ich wählten einen dezenteren Weg, um in den Karzer zu kommen. Wir unterließen die jedes Semester fällige Ausfüllung der Zählkarte und schickten den Pedell, der dreimal uns deswegen auf die Bude rückte, unverrichteter Sache wieder fort. Daraufhin wurden uns fünf Tage Karzer zudiktiert. Vom 22.–27. VII. 1909 bezogen wir das ‚Palais Royal‘, auch ‚LC-Klause‘ genannt, weil die Zimmertür mit den Wappen der damals bestehenden drei Heidelberger Landsmannschaften ‚Cheruskia‘, ‚Teutonia‘ und ‚Zaringia‘ bemalt war.

Das waren für uns fünf fidele, aber auch anstrengende Tage. Von früh bis Abend besuchten Reisende und Reisegesellschaften, meist Ausländer, den Karzer, bestaunten uns wie wilde Tiere in einer Menagerie und frugen neugierig nach unseren Missetaten. Die Besucher füllten fünf doppelte Aktenbogen, die wir aufgelegt hatten, mit ihren Namen an. Sie machten Jagd auf ‚Souvenirs‘, wozu selbst Zahn- und Nagelbürsten herhalten mussten. Auch der Polizeipräsident von Sumatra besuchte uns. Nachdem er sich mühsam davon überzeugt hatte, dass wir keine Schwerverbrecher, sondern harmlose, lebenslustige Studenten waren, stiftete er uns ein goldenes Zwanzigmarkstück ‚zur Linderung unseres harten Gefangenenloses‘. Es wurden uns öfters solche ‚hochherzigen Stiftungen‘ in Form von Getränken und Fressalien von den Besuchern zugesteckt. Ein ame-

rikanischer Fabrikant aus Michigan fotografierte uns und schickte uns die Bilder mit einem netten Schreiben.

Eine Reisegesellschaft von ca. 20 jungen Amerikanerinnen besuchte uns eines Tages, geführt von einer wissbegierigen alten Lehrerin. Als sie an der Türe des Clos, zu dem eine Treppe hinaufführte, die Inschrift las ,Thronsaal – darf nur mit Filzschuhen betreten werden', rief sie sofort nach den Filzschuhen. Als sie mit Fragen nicht aufhören wollte, sagte Bundesbruder Vollhard zu mir: ,Wenn doch dieser alte Schraubendampfer endlich einmal still sein möchte!' Daraufhin warf sich die alte Dame erzürnt in Positur und rief drohend: ,Oh, ik verstehn serr good daitsch!'

Als wir am dritten Tag vom zustehenden Ausgang zurückkehrten, stand auf meinem Tisch eine kleine Vase mit einer großen roten Rose, abgegeben von einer jungen Amerikanerin. Darunter lag ein Zettel mit der Inschrift: ,T'is but a flower, that's true, but it showes my sorry for You!'

In der besuchsfreien Zeit haben wir in unserer LC-Klause so viel als möglich uns durch Malen, Schnitzen und Zeichnen verewigt. Auf der Tür der S.C.-Klause waren die Fotos sämtlicher Insassen aufgekittet.

Die beiden Zähringer Wilhelm Deubner und Walter Vollhard saßen vom 22. bis 27. Juli 1908 in der Solitude. Sie wurden von einem Fleischfabrikanten aus dem US-Staat Michigan, „Mr. Beefsteak", besucht.

Gegen Abend kamen Bundesbrüder, brachten ‚Stoff' und Musikinstrumente mit. Dazu holten wir die zwei hübschen Töchter des Pedells herauf. Bei Lampionlicht und Musik wurde getanzt, gesungen und getrunken.

Fritz Köhler I saß 1903 mit Ludwig Berg wegen allzu großer ‚Schüchternheit' vier Wochen im Karzer. Er berichtet, sie hätten öfters für den Pedell und dessen Angehörige die Führung der Fremden übernommen, die als Entlohnung dafür aus dem Hotel bzw. dem ‚Grünen Baum' Bier geschickt hätten. Es sei nur Lichtenhainer getrunken worden, das in großen Literkannen geliefert worden sei. Es habe in Hülle und Fülle zu trinken gegeben.

Martin Henglein berichtet, früh hätten sie im Karzer einen ausführlichen Frühschoppen gehalten. Einem ausgiebigen Mittagsschlaf sei ein Nachmittags- bzw. Abendschoppen gefolgt. – Fürwahr ein fideles Gefängnis!"

DER WILDE HECKER

Ein berühmter Karzerinsasse der Neckarstadt war der Revolutionär Friedrich Hecker (1811–1881). Er saß während seiner ersten fünf Semester im März 1831 im hiesigen Studentengefängnis, weil er „wegen eines vollzogenen Duells mit einundvierztägiger Carcerareste bestraft wurde, im Übrigen den akademischen Gesetzen gemäß und anständig sich betragen hat", wie es im Testimonium Morum vom 18. März 1833 hieß. Dieses

Der Landsmannschafter stud. med. Alfred Brunst (Zaringia, Mitte) wurde im Mai 1906 am Ende seiner fünftägigen Haft von Bundesbrüdern abgeholt.

Schriftstück hatte das Großherzoglich Badische Universitätsamt anlässlich der Abreise nach München ausgefertigt. Hecker studierte 1830 bis 1834 an Isar und Neckar Rechtswissenschaften. Im Umfeld des Revolutionsjubiläums 1998 und dank einer Neuerwerbung des Mannheimer Stadtarchivs sowie dem Auffinden eines unbekannten Jugendbildes ist dieses Duell – es war nicht der einzige Heckersche Zweikampf – auf erhebliches Interesse gestoßen.

Gegner war Ludwig Biéchy. Hecker war ein flotter Studiosus, selbstbewusst schrieb er 1834 an die Juristische Fakultät zu Heidelberg: „Anfangs konnte man mich mehr beim Bechern und bei den Waffen finden als bei den Büchern und Studieren." Friedrich Hecker gehörte 1831/32 den Landsmannschaften Hassia, Palatia und Rhenania an. Er setzte sich für eine Politisierung dieser Verbindungen, z. B. durch Bildung politischer Kränzchen, ein. Duellgegner Ludwig Biéchy war Rhenane. Hecker wurde dabei derart verletzt, dass er einen Arm eine Weile in einer Binde tragen musste. Bei der Vernehmung vor Universitätsamtmann Dr. Lang erklärte Hecker: „Biéchy kam mit Student Degen auf unsere Kneipe, ich trank dem Letzteren einen halben Schoppen vor und erinnerte ihn nach einiger Zeit, mir nach zu trinken. Biéchy mischte sich nun darein und sagte, es zieme sich nicht für einen Fuchs, einen zu treten. Da dies unrichtig ist und nach dem Comment dem Fuchs das Recht zusteht, da Biéchy nur als Gast bei uns war,

und in keinem Falle ihm zukam, mir einen Verweis zu geben, da ich ihn näher nicht kenne, und er etwas betrunken zu sein schien und mir überhaupt etwas maliziös zu sein schien, so musste ich seine Bemerkung für eine Beleidigung nehmen. Ich erwiderte ihm, es gehe ihn keinen Pfifferling an. Er forderte mich."

Das Verhältnis von Ludwig Biéchy und Friedrich Hecker ist durch das Duell nicht auf Dauer abgekühlt. Im August 1831 wurden die beiden vom Senat gar als Rädelsführer ausgemacht, als sie mit zwei Kameraden „am Carlsberg dahier mehrere abreisende Fremde sehr insultiert" hatten. Hecker trat 1832 sogar der Rhenania bei, der auch sein Bruder Karl angehörte.

Ein anderes Duell Heckers in seiner Heidelberger Zeit hat im 19. Jahrhundert weit mehr Aufsehen erregt. Sein Gegner war nämlich Gustav Körner (1809–1896), der im April 1833 beim Frankfurter Wachensturm eine wichtige Rolle spielte. Er wanderte nach dem Scheitern dieses Putschversuchs nach Amerika aus, brachte es 1852 zum Vize-Gouverneur von Illinois. In seinen Memoiren schreibt Körner (Übertragung ins Deutsche durch den Autor): „In einer Nacht hörte ich beim Heimweg vom Verbindungslokal Lärm. Zwei junge Mitglieder unserer Verbindung [Frankonia, E. O.] stritten mit drei oder vier anderen Studenten. Ich empfahl meinen Freunden, Auseinandersetzungen auf dem regulären Weg am nächsten Morgen zu klären und nicht wie streitende Schuljungen auf der Straße. Der stürmischste der anderen Studenten, der richtigerweise annahm, dass ich auch ihn meinte, wandte sich zu mir um und sagte: ‚Was zum Teufel meinen Sie? Das geht Sie nichts an!' Ich erwiderte: ‚Ich sprach nicht mit Ihnen, sondern mit meinen Freunden, und ich werde sagen, was mir gefällt.' Darauf nannte er mich dumm, das übliche Wort als Beleidigung, als Provokation zum Duell. Weil ich ihn nie zuvor gesehen hatte, bat ich um seinen Namen. Nach dieser Erkundigung wurde mir gesagt, dass Hecker ein guter Kerl, der sehr populär in seiner Korporation, dem Corps der Pfälzer, war, aber sehr temperamentvoll und streitsüchtig, ein Mann der wegen seines Hitzkopfs viele Duelle hatte. Einige Tage später trafen wir uns auf der üblichen Kampfstätte, der Hirschgasse, einer Gaststätte am Neckar, gegenüber Heidelberg." Körner berichtet weiter, dass Hecker im Duell mit Säbeln keine Chance gegen ihn hatte und sogar zwischen Daumen und Zeigefinger eine Wunde erhielt, weil er seine linke Hand statt sie auf dem Rücken zu behalten nach vorn nahm, um Schläge abzuwehren.

Nach eigenem Bekunden dachte er auch nicht an seinen Gegner, als dieser als eloquentes und radikales Mitglied der Opposition in der Badischen Kammer den ersten Schritt in Richtung Berühmtheit machten. Erst als Friedrich Hecker und Baron von Itzstein, der Führer der konstitutionellen Opposition in Baden, während einer Vergnügungsreise aus Berlin im Jahre 1845 ausgewiesen wurden und auf ihrer Heimreise von den empörten Liberalen unter anderem einen Empfang in Frankfurt/Main erhielten, änderte sich das. Dort traf er Körners Bruder. Und Hecker meinte: „Oh, ich bin sehr erfreut, Sie zu sehen. Wenn Sie ihm schreiben, richten Sie ihm herzliche Grüße aus. Ich kannte ihn in Heidelberg, und – schauen Sie – er ließ mir diese Erinnerung." Dabei zeigte er ihm die Narbe, die an seine Unvorsichtigkeit erinnerte.

Wie andere Revolutionäre seiner Zeit, z. B. Wilhelm Liebknecht und Friedrich Engels, hat Friedrich Hecker das wilde Jugendleben keineswegs aus seiner Biografie gestrichen. Friedrich Hecker soll ein toller Kerl gewesen sein, der sich noch häufiger duellierte, berichtete daher auch Vater Josef. Der alte Herr soll gern Läuschen über die Streiche seiner Söhne Karl und Friedrich erzählt haben, die „ihm nach ihren Duellen zerhauen und zerstochen ins Haus gebracht wurden". Sie sollen sogar miteinander gefochten haben. Karl Hecker (1812–1878) brachte es bis zum Medizinprofessor in Freiburg und durfte gleich nach seinem ersten Heidelberger Duell im Dezember 1830 drei Wochen in das Studentengefängnis. Der Nachhall des „krassen Hecker" der Heidelberger Jahre ist im späteren Auftreten des Volkstribunen des Öfteren auszumachen. Manche meinen sogar, dass die beschriebene Neigung zu Temperamentsausbrüchen sein berühmtes Bild als Mann mit Wasserstiefeln, Arbeiterbluse und Pistolen mehr als alles andere prägte.

ser Polyp, stets suchst du vielarmig uns zu um...

... Vo L. ist dir ein würdiger N...

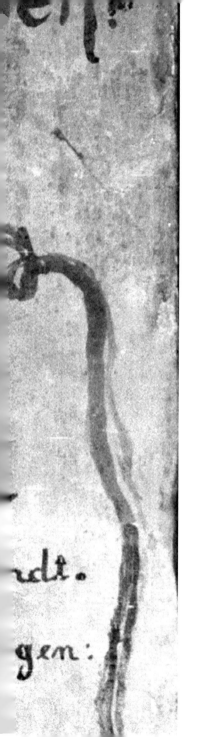

KUNST
IM KARZER

Der Polyp – hier am Karzeraufgang – gehört zu den beliebtes-
ten Darstellungen in allen akademischen Gefängnissen.

So mancher wird hinter die Überschrift ein Frage-
zeichen setzen. Dabei gibt es in Deutschland
zumindest einen Karzer, nämlich das Studentengefängnis im Jenaer Collegium Jenense, dessen Ausma-
lung dieses Attribut verdient: Hier hat der Schweizer
Burschenschafter und Maler Martin Disteli (1802–
1844) gewirkt. Er begründete in Jena seinen Ruf als be-
gnadeter Karikaturist und stellte im Karzer Goethe,
Herzog Karl August sowie einen Raub der Sabinerin-
nen dar.

Für Kunsthistoriker interessant ist ein weiterer
Karzer, auch wenn der Maler nicht ganz so prominent

war: Der Stadtmaler Gottfried Schreiber erhielt 1736
den Auftrag, den Tübinger Karzer – das älteste erhaltene Studentengefängnis überhaupt – auszumalen. Mit
Werken zur biblischen Geschichte und dem Altertum
an den Wänden sollte er für eine sittliche Besserung der
Häftlinge sorgen, denn deren eigene Wandmalereien
hätten schon im 18. Jahrhundert Erziehungszwecken
geradezu entgegengewirkt. Schreiber hat beispielsweise
einen Engel dargestellt, der einen Teufel an der Kette
abführt. Er beweist Humor, wenn er ausgerechnet im
Fenster mit Nahrung herbeischaffenden Vögeln an die
Ernährung der Studiosi durch mitleidige Kommilitonen
erinnert. Tübingen verfügt übrigens auch über die älteste erhaltene lesbare Inschrift in einem Karzer: Johann
Georg Essich saß hier, wie er schreibt, im Jahre 1662
wegen „keuscher Liebe".

Heidelberg liegt zwar wie Tübingen am Neckar,
sein Karzer hat aber keine Zeugnisse von vergleichba-
rem Rang zu bieten. Das gilt übrigens für alle während
der Kaiserzeit ausgemalten Karzer, obwohl auch in dieser Epoche – also nach der Aufhebung der Sondergerichtsbarkeit – nicht nur „echte" Laien als Karzermaler
tätig waren. So sind die älteren Corpswappen des
Greifswalder akademischen Gefängnisses offenbar von
einem ausgebildeten Maler ausgeführt worden (er muss
kein Verbindungsstudent gewesen sein): solide Hand-
werksarbeit. Und eines kann auch das fidele Gefängnis
von Heidelberg für sich beanspruchen: In seiner Ge-

Keine Kunst, aber historisch interessant – die Darstellung der Karzereinführung der Rhenanen Stargardt und Gail. Gail malte auch fein säuberlich einen Zirkel. Der Zirkel rechts oben gehört der Burschenschaft Frankonia.

samtheit spricht es den Besucher an, ist Zeugnis einer besonderen Lebensart, ein Denkmal, das man zumindest bei etwas weiterzigerer Auslegung als Kunst einordnen kann.

Bis zu den Zeiten des ersten Wartburgfestes wurden die Karzerwände nach den wenigen erhaltenen Zeugnissen vorzugsweise, jedoch nicht ausschließlich, mit Inschriften verziert. Richtige Gemälde im weitesten Sinne waren wahrscheinlich selten, es gab sie aber nicht nur in Tübingen. Das dürfte mit einer relativ härteren Strafpraxis zusammenhängen, die das Bemalen der Wände durch die Studenten in vielen Universitätsstädten erschwerte. Dafür sind auch die älteren Heidelberger Räume ein Beispiel.

Im Marburger akademischen Gefängnis fand sich nach einer Beschreibung des Jahres 1749 schon alles: Gemälde, Sinnbilder, Verse, Namen. Verbindungswappen bzw. Farben auf Wappenschildern konnte es noch nicht geben, denn die Korporationen sind, von Ausnahmen abgesehen, ja erst eine Erscheinung des 19. Jahrhunderts. Ihre Symbole, die Zirkel (Buchstabenverschlingungen hinter den Namen) und die „X" der Chargen gibt es logischerweise erst seit dieser Zeit. Ohne Kenntnisse verbindungsstudentischer Vorstellungen

Der 1889 von Duisberg in der Villa Trall gemalte Herr mit Schweinekopf blieb relativ gut erhalten.

und ihrer Ikonographie sind die Darstellungen im Karzer nicht wirklich zu verstehen.

Die Technik der studentischen Karzerkünstler und das von ihnen benutzte Material sind höchst unterschiedlich. Auf Putz, Holz, ja sogar auf Fensterscheiben haben die Häftlinge und ihre Freunde Spuren hinterlassen. Sie bedienten sich des Pinsels, des Messers, nutzten Kugelschreiber, Blei- oder Wachsstift. Der Kerzenruß erwies sich als außerordentlich haltbar. Wasser- und Ölfarben wurden ebenso eingesetzt wie Kreide. Mit Kitt aus Weißbrot und Kerzenwachs wurden die Bilder der Häftlinge an der Tür eingerahmt. Materialprobleme gab es offenbar nicht, die Ausgangsregelungen waren liberal, man konnte sich nicht nur Essen bringen lassen, und sicher war auch der Pedell zu Lieferantendiensten bereit.

Sehr häufig ist der Schattenriss. Einerseits Erinnerung an burschenschaftliche Schattenriss- und Steckbriefzeiten, andererseits einfach auszuführen. Kerze, Dunkelheit und ein Helfer für die Umrisszeichnung genügten.

Wappen, Namen, Daten, Zirkel, Schattenrisse sowie Fotos an den Türen gibt es in jedem kaiserzeitlichen Karzer. Auch Pedelle und Gendarmen beziehungsweise Nachtwächter, die besonders zu nächtlicher Stunde Studenten jagten, dürfen in keinem Fall fehlen.

Das Kränzchen ...

prot. ... Mischke

gold. theol.

S 1894/5.

Zug der Heinzelmännchen zum Carcer (Umbehr. B. pinx.)

Umbehr B. pi...

... mein Kätzc... spazieredg...

DIE
KARZERRÄUME

HEUTE

Nicht für den Besucher zugänglich sind zwei Räume im Erdgeschoss des Anbaus, wo verschärfte Karzerhaft verbüßt worden sein soll, sowie ein früher als Karzer verwendeter Raum im ersten Obergeschoss. Hier sind die ältesten Heidelberger Inschriften eines akademischen Gefängnisses zu finden. Sie stammen aus den Jahren 1768 bis 1785. Massive Eichentüren mit Durchreicheöffnungen führen von einem Verschlag zum „normalen" Gefängnisraum mit Tageslicht und zum Dunkelkarzer. Leider wurde dem Autor trotz mehrfacher Bitte der Zugang nicht ermöglicht.

DER EINGANG ZUM KARZER UND DAS TREPPENHAUS

Der Aufgang zum Heidelberger Karzer stimmt auf vielfältige Weise auf die eigentlichen Arresträume ein. Die Wände sind voller Gedichte und Sprüche, von denen einige am Schluss dieses Buches dokumentiert sind. Gleich rechts befindet sich der Mann, der am Anfang so mancher Arreststrafe stand: der Polyp mit der Pickelhaube. 1893 schreibt er die Verfehlungen eines imaginären Studiosus in sein Notizbuch ein. Als Maler gibt sich K. Stargardt vom Corps Rhenania zu erkennen. Gemeinsam mit seinem Bundesbruder G. Gail rückte er am 5.6.1895 in das fidele Gefängnis ein. „Still und stichdunkel war die Nacht", als die Herren schuldig

Hinter dieser freundlichen Fassade verbirgt sich das Studentengefängnis.

wurden. Im an der Wand verewigten Gedicht klingt das dann so:

Still u. stichdunkel war die Nacht.
Da gingen zwei Studenten sacht
Zu einem Pensionate hin
Mit einer Schreckensthat im Sinn;

Denn eh sie dorthin angelangt,
– Schon wird es mir im Herzen bang –
Da warf der eine froh u. munter
Zehn Frösche in den Garten 'nunter.

Und diese fangen an zu knallen
Man dacht, es thät die Welt einfallen.
Zugleich ans Fenster, ach herrjeh!!
Stürtzt man im tiefsten Negligée.

Magnesiumlicht u. Kerzenschein
Beleuchten nun die Scene fein,
Und was man dorten alles sah,
Ist jedem, der dies liest, wohl klar.

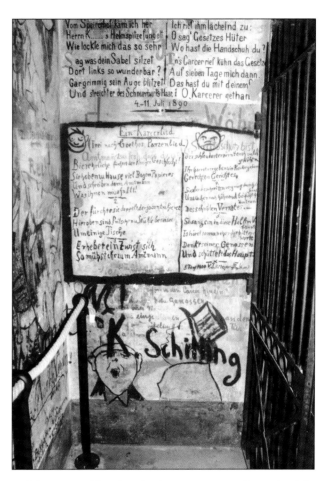

Auf der Treppe hinauf zu den Karzerräumen stehen sehr viele Gedichte.

Auch Frauen dürfen in den Karzer.

Auch Engel mussten in den Karzer.
Spätere Gäste, darunter viele Japaner, nutzten diese Bereiche,
um an ihre Aufenthalte zu erinnern.

Doch balde ward das Bild gestört,
Als man von weitem Schritte hört.
Polypen nahn' im schnellen Lauf
Und schreiben die Verbrecher auf.

Acht Tage drauf die beiden zieht
Wie mans 'ne Stiege höher sieht –
Ein Eselpaar mit frohem Sinn
Zum Heidelberger Karzer hin!!
Stargardt *(Zirkel)*

Gail und Stargardt haben sich als Silhouetten unter dem Gedicht dargestellt oder – das ist nicht zu klären – darstellen lassen. Ganz brüderlich vereint, versteht sich. Daneben befinden sich die Konterfeis dreier weiterer Rhenanen mit ihren Mützen.

Die Opfer des Polypen haben sogar eine eigene Verbindung, die Karzeronia, gegründet. Unter ihrem Wappen mit den Farben Blau-Gold-Blau steht „geg(ründet) 2. VIII – susp(endiert) 8. VIII. 93". Sechs Korporierte weisen sich als Mitglieder der Karzeronia aus, zwei von ihnen gehören wohl dem Corps Suevia, drei der Turnerschaft Ghibellinia an. Wahrscheinlich, darauf weisen Pfeile hin, gehört auch folgende, Jahre nach der Haft verfasste Inschrift dazu: „Habe mich hier als praktischer Arzt niedergelassen. 2.–12. VIII. 02". Ein anderer Polyp reitet auf einem Schwein, um ungehorsame Studenten zu jagen. Ein solcher Typ ist von hinten neben dem Fenster in Höhe der Aufsicht zu sehen.

Natürlich darf auch der „Schutzpatron" Perkeo nicht fehlen. F. Dahn hat ihn während seines Aufenthalts vom 1. bis 11. Juli 1895 gemalt. Im Jahre des Heils, wie er schreibt. Dazu gehört das Gedicht:

Hier vor diesem Schutzpatron
Zu liebzeiten er war lieb, mein Sohn,
Auch der Dich Hier hat eingesponnen,
Ein klein Gebet, es wird Dir frommen.

Alsdann vertief Dich in seine Lehren
Thut dir's den Kopf auch etwas beschweren.
Du schläfst dann ruhig und sicher die Nacht.
PERKEO, der an diesem Bette wacht.

Der ausgesprochen zünftige Perkeo, getreu dem Vorbild am Großen Fass nachempfunden, ist mit Uhr und Fass dargestellt. Aus gutem Grund: Der trinkfeste Hofzwerg Clemens Perkeo war Wächter des 1727 erneuerten Großen Fasses. Kurfürst Karl Philipp hatte den italienisch sprechenden Trunkenbold aus Tirol mitgebracht. „Perche no?" – „Warum nicht?" Mit diesen Worten soll er stets auf die Frage geantwortet haben, ob er noch einen Humpen vertragen könne. Schlossbe-

Heidelbergs berühmter Dienstmann „die Muck" schaut auf diesen Spruch zur Leistungsfähigkeit des Amtmanns (Universitätsrichters).

sucher, die seine Uhr sehen wollen, ziehen an einem Ring, der Kasten an der Wand springt auf und ein Fuchsschwanz fährt heraus.

Seit 1907 gibt es sogar eine Perkeogesellschaft. Gegründet wurde sie als Karnevalsverein, die den sagenhaften Zwerg zu einer beherrschenden Figur der Heidelberger Fastnacht erhob. Die Große Karnevalsgesellschaft PERKEO wandelte sich aber nach dem Zweiten Weltkrieg zu einem Verein zur Förderung des heimatlichen Brauchtums.

Der Zwerg Perkeo muss nicht nur im Keller gesessen haben. Er war auch draußen.

Nicht weit von der Abbildung des Zwergs entfernt, neben der Tür zur Pedellenwohnung, ist dargestellt, was nach der Eintragung in das Buch des Schutzmanns und der Verurteilung folgte: der Karzereinzug. Zu sehen ist der vom Corps Rhenania veranstaltete Einzug für die Studenten Stargardt und Gail im Jahre 1895. Die beiden Herren sind uns schon als Silhouetten begegnet, und das eingangs zitierte Gedicht schildert ihre Missetaten. Beim feierlichen Einzug der beiden fehlten auch die Hunde der Korporierten nicht. Von einer Fahrt ganz anderer Art grüßte genau zehn Jahre später F. von Bülow über dem Bild von der Karzereinführung. Er widmete seinen Spruch Else auf der Hochzeitsreise. Vielleicht war sie der Anlass für seine Haft.

Auch andere Korporationen haben an den Wänden zum Eingang mehrfach ihre Spuren hinterlassen, beispielsweise sind hier die Farben der Burschenschaft Frankonia und deren rote Stürmer sowie Zirkel der Rhenopalatia zu sehen. Viele andere originelle Malereien ziehen gerade im Aufgang die Aufmerksamkeit auf sich. Da wäre beispielsweise ein Kopf, ein „Scheusal", neben dem Fenster auf dem Absatz der Aufsicht. Darunter befindet sich folgende Inschrift: „Mädeln unter 14 Jahren ist der Eintritt strengstens verboten. Siehe Lex Heintze." Die 1899 von der Reichsregierung einge-

Heinzelmännchen brachten Stoff in den Karzer.

So schön war die Realität im Karzer dann doch nicht.
Das Gedicht legt davon Zeugnis ab.

brachte „Lex Heinze", wie sie wirklich hieß, war nach einem berüchtigten Berliner Zuhälter und seiner Frau benannt. Das Gesetz, das 1900 in Kraft trat, sah nicht nur verschärfte Strafen für Zuhälterei und Kuppelei vor, sondern fügte dem Strafgesetzbuch auch den berüchtigten Paragrafen 184a hinzu: „Wer Schriften, Abbildungen oder Darstellungen, welche, ohne unzüchtig zu sein, das Schamgefühl gröblich verletzen, einer Person unter sechzehn Jahren gegen Entgelt überlässt oder anbietet, wird mit Gefängnis bis zu sechs Monaten oder

mit Geldstrafe bis zu sechshundert Mark bestraft." Schriftsteller und Künstler kritisierten diesen Gummiparagrafen als Eingriff in ihre Freiheit. Welche „Schriften, Abbildungen oder Darstellungen" im Karzer allerdings wessen Schamgefühl so „gröblich" verletzt haben mögen, dass ein „Scheusal" junge Mädchen vom Eintritt abschrecken musste – das ist heute nicht mehr erkennbar. Andere verkünden beispielsweise: „Kein Advokat wird angenommen. Wer Karzer haben will, muß selber kommen", „Vor dem Sklaven, wenn er die Kette

Die Frauen – waren sie treu, wenn der Geliebte im Karzer saß,
fragt der Schöpfer dieses Porträts.

bricht, vor dem freien Menschen erzittert nicht. Goethe". Ein anderer Inkarzerierter zitierte lieber Dante: „Lasciate ogni speranza voi ch'entrate!"

Durch ein großes Westfalenwappen wurden andere Zeichnungen zerstört. Zwei Heinzelmännchen ziehen wie weiland die biblischen Kundschafter mit der Weintraube zum Karzer hin, laut Inschrift von einem Umbehr gemalt. Ein schönes Beispiel für die offensichtlich funktionierende Getränkeversorgung. Darunter eine blonde Dame, die aus der Tür schaut und der ein „Schestonus" riet: „Mein Kätzchen, spaziere doch mit keinem Herrn, solange ich hier bin." „Oh! Amtmann, wenn ich Dich kontrahieren könnte", meint über dem Wappen ein mit der Haft (spaßeshalber) unzufriedener Kommilitone.

Ein zweiter Perkeo steht auf grüner Wiese mit Weinglas und Schlüssel rechts neben der Tür zur Universität. Der Theologiestudent Mangold hat ihn offensichtlich gemalt und schrieb im WS 1894/95 darunter: „Wandrer kömmst du zum Amtmann, sprich, du habest mich hier sitzen gesehen, wie er es meuchlings befahl." Gleich darunter eine moderne Darstellung von Studierenden mit Flaschen, auf die über dem Bogen die Worte „See under" hinweisen: UniART. Auch die Tür ist bemalt, z. T. mit auf dem Kopf stehenden Inschriften (nach einer Reparatur falsch eingesetzt?). Direkt neben der Tür sind ein Uncle Sam und ein Sänger abgebildet. Von diesem Absatz ist es nur noch eine Treppe bis

„Zum deutschen Nationalzuchthaus". Eine Katze, sechsmal ausgeführt, wird auf dem Weg nach oben immer kleiner. Unter dieser Gruppe steht der Name des letzten Karzerinsassen Franz Schandelmaier. Otto Stepp, sein Vorgänger im Jahre 1914, ist ebenfalls im Aufgang zu finden. Übrigens: „Das Berühren der Figuren ist pilineclich verboten." Ein eleganter Herr mit gelbem Zylinder verbeugt sich und sagt: „Treten sie näher, Go in, Entrez s.v.p.". Darüber befindet sich ein Gecke, über dem eine eher griesgrämig dreinschauende Balletteuse zu sehen ist. Wen der schnell laufende Polizist mit dem großen Säbel auf dem Rücken verfolgt, ist nicht zu sehen. „Aber, aber, meine Herren", meint zu Recht der Pedell. Und dass so ein richtig feiner Student seine Sachen nicht selbst trägt, auch dafür gibt es ein Zeugnis an der Decke: das Porträt eines Dienstmanns. Es ist ausgerechnet eine heidelbergische Berühmtheit, „die Muck".

Der Aufgang zum Karzer legt davon Zeugnis ab, dass die Männer das weibliche Ferment zum Leben brauchen. Da wird 1894 Louises Herz von Pfeilen durchbohrt. Noch ein Herzchen ist zu besichtigen, und darin steht eine gewisse Ida. Vielleicht auf den Spuren ihres Liebsten trug sich zudem Else Schultz (Neitzel) ein. Und ein Studiosus trauerte im Mai 1900: „O süße Emmy, wie leer sind diese Nächte ohne Dich." Und der Wunsch des E. Sch. ließ sich wohl kaum verwirklichen: „Nur Damen haben Zutritt."

Die Polizisten schlossen doch nicht immer die Augen, wenn die Studenten Streiche machten.

Ein viel besuchter Karzer wie der Heidelberger verändert sich ständig. Mit Bleistift steht neben dem Karzeronia-Wappen „Deutschlands wahre Hauptstadt ist Berlin. Dr. Müher". Japaner betätigten sich allen Restaurierungsversuchen zum Trotz sehr gern und oft im Karzer. Ein Finne ist eher eine Ausnahme: „Veli J. Juuscha's, Finnland. Pekka Heinttla." Amüsant ist auch das Studium der zahlreichen Gästebücher. Unter vielen, vielen Namen mit Daten findet sich auch Originelles, z. B. „10 + 20 = 30, 50 − 10 = 40. Ich gehe in die 1. Klasse und brauche nie in den Karzer."

DIE KARZERVORRÄUME

Die unmittelbaren Vorräume zu den Kerkern sind in ihrer Originalität dem Aufgang vergleichbar. Sie werden die „Arkaden" oder Rittersaal genannt. Da gibt es die Silhouette eines Grand Hotels. Nur einen Namen kann es tragen: „Zur akademischen Freiheit".

Wer die Treppe bewältigt hat, dem bietet sich der eindrucksvolle Blick in die Arkaden.

Der Spruch weist auf den schon im Kaiserreich begonnenen Karzertourismus hin.

Nicht weit davon entfernt die Warnung: „Es ist verboten, die Sträflinge mit Schirmen und Stöcken zu reizen", und: „Wehe, wenn ich losgelassen!!" oder „Vorsicht! Hungrige Bestien! Bissig. Fütterung in 1 Stunde." Auch die Hausordnung verdient es, wiedergegeben zu werden: „§1: Disziplinarbeamte haben durchaus keinen Zutritt. §2: Hunde und Damen sind an der Leine zu führen. Die Sträflinge werden dem Schutz der Damen empfohlen." Ergänzend steht ebenfalls im Eingangsbereich: „Halt!! Palais Royal und Sans Souci dürfen nur in Filzschuhen betreten werden. Letztere befinden sich im Thronsaal."

Wie man sich den richtigen (Bummel-)Studenten im Karzer vorzustellen hat, zeigt ein Gemälde auf der Rückwand neben der Treppe: als einen wohl beleibten Herrn mit schöner, roter Säufernase. Ursachen für Karzerstrafen beschreiben verschiedene Inschriften. Da saß einer wegen der Verbalinjurie „Lausbub" und A. Gärtner vierzehn Tage wegen „gemeiner Kneiferei des stud. jur. Ludwig Selig". Die Begründung ist so zu entschlüsseln: Weil Selig die Forderung zu einem Duell nicht angenommen hatte, war er in Verruf geraten – und auf das Aussprechen des Verrufs stand Karzer.

Hier im „Vestibulum" erregte früher nach älteren Beschreibungen ein mächtiger Reiter neben Perkeo Aufmerksamkeit. Er schwang einen Humpen. Möglicherweise eine Anspielung auf die Sage vom Herrn von Rodenstein, der auf der Suche nach Wein vergeblich die

Auf dem Wegweiser in die einzelnen „Zellen" fehlt noch der S.C.-Raum.

Wirtshäuser durchstreifte und nun als durstiger Geist die Lande heimsucht. Joseph Victor von Scheffel, der in der Neckarstadt studierte, hat die Geschichte in einem populären Studentenlied verewigt. Aufmunternd der Spruch beim Perkeo: „Ihr naht Euch wieder schwankende Gestalten – wie traurig auch hierauf Ihr steigt. – Ich bitt' Euch, tut die Köpfle aufrecht halten – auch huius loci genius ist feucht." Da hat der trinkfeste Zwerg sicher Recht gehabt. Heute sind Reiter und Perkeo verschwunden.

Neben der Tür zur Solitude noch etwas echt Heidelbergisches, die Nachbildung des Wrede-Denkmals mit einem Hut – oder besser gesagt dem „Geschirr der Nacht" auf dem Kopf. Der gute Marschall ist uns in den Karzergeschichten ja schon begegnet; hier wird seine Darstellung mit dem Spruch begleitet: „Weil sie mit Schläue auf der Téte, den Hut gesetzt dem Marschall Wrede, brummt Altfuchs und Rosenthal und Ross zusammen einmal. Der Hutlieferant heißt Otto Altstädt, Ecke d. Plöck und Friedrichstraße."

Nicht weit von der Wrede-Darstellung berichtet von Reinhardt, der vom 24. bis 28. Juli 1879 im Kerker saß: „3 Tage, weil seine Hand zufällig mit der Backe eines nicht ganz commentmäßigen Fuhrknechtes in für letztere nicht gerade angenehme Berührung kam, was einen Auflauf (der Backe) verursacht haben soll."

Wappen, Sprüche und studentische Silhouetten zieren in großer Zahl auch die Wände und die Decke in Richtung Villa Trall, Solitude und Palais Royal. Gleich oben links neben Sans Souci befindet sich ein Wegweiser zu diesen vier Räumen. Nicht alle Sprüche sind so ganz fein, beispielsweise „Blöder Kackboldt. Trüber Schlammscheißer". Manch einer widmete hier s./l. (seinem lieben) Karzer ein Foto. Andere betätigten sich als Maler. Da gibt es an der Zwischenwand ein Gemälde mit saufenden Mönchen aus dem Jahre 1897, einen Hermes und einen „Bayern", d. h. einen Herrn mit Trachtenhose, der vor einem Fass liegt. Neben Sans Souci sitzen Ritter spielend am Tisch, und am Eingang zum Palais Royal verewigte sich ein ganzer Trauermarsch

Neben der Tür zur Villa Trall befinden sich auffällig viele Silhouetten, die aus dem Jubiläumsjahr 1886 stammen.

Drei Wochen „GrandHotel zur akademischen Freiheit" im Jahre 1908 verlebten die Herren Drautz und Ullrich.

Dem Marschall Wrede in den heutigen Ebert-Anlagen wurden gern Hüte aufgesetzt. Drei Studenten saßen deshalb gleichzeitig.

1897 schuf Otto Dillmann diese trinkfreudige, geistige Runde.

Großzügig war sie nicht, denn Herr Mangold versprach nur: „Wer die linke Seite der Gleichung löst, erhält die rechte zur Belohnung." Sogar Helmholtz, und zwar in Großbuchstaben, kann der Besucher an der Zwischenwand lesen. Schließlich hat der große Chemiker in Heidelberg studiert.

Dass die Beleuchtungskörper auch in der Neckarstadt eine magische Anziehungskraft ausübten, belegt der Spruch: „Turnen, diese edle Kunst, steht nicht in Polypengunst. Nächtliches Laternenklettern, Springen von den Budenbrettern. Wegen dieser Production sitzen Neumann hier und Cown(?)." Schutzleute findet man ebenfalls in diesem Bereich. Nicht weit davon wurde ein Menschenkörper mit Kraken dargestellt. Dazu gehört der Spruch von O. Kimmig: „Grauser Polyp, stets suchst du vielarmig uns zu verschlingen. Schlingel drum auch, o Vieh, ist Dir ein würdiger Name."

Ausgenutzt wurde jede verfügbare Fläche. Da konnte auch die Tür zur Magdkammer und damit zur, wie es auf der Tür heißt, „Wohnung des Amtmanns", nicht fehlen – heute wird die Kammer vom Hausmeister als Abstellraum verwendet. Das Heidelberger Gefängnis macht keine Ausnahme von der Regel, dass kein Karzer ohne Sprüche zum Herrn über die akademische Disziplin auskommt: So „wird verboten, sich beim Amtmann einzubiedern". Am Türrahmen steht die Ursache für diese Vorschrift: „Der Amtmann ist ein ganz böser", denn: „Amtmann, warum verfolgst Du die Un-

zum Galgen und dem Karzeronia-Wahlspruch: „Rache! Unschuld! Bier!" Sogar Noten für „Klarinette, Dudelsack und F...cke" mit Gesang sind verzeichnet.

Neben der Tür zur Villa Trall wurden gleich zwei vielarmige Polypenkraken gemalt. Und die Solitude? Da steht nicht nur ein Herr mit Hut, sondern auch ein Zeugnis amerikanischer Karzerbegeisterung: „Jackson, Mc. Cay, Pratt. 6.11.82". Während diese Schriftzüge gut zu lesen sind, ist eine mathematische Aufgabe aus dem Jahre 1895 nicht mehr klar entzifferbar. Schade, denn für die Lösung wird eine Belohnung angekündigt.

Viel Mühe verwandten die Inkarzerierten darauf, ihre Fotos an den Türen anzubringen.

Die Studenten waren in Sachen Namengebung sehr erfinderisch, auch wenn es nur um eine Ofentür ging.

Neben dem „Hotel zur goldenen Ernte" geht's mit Marschmusik zum Galgen. Die Herren spielen einen Trauermarsch für Klarinette, Dudelsack und mehr.

Die Arkaden bieten ein äußerst vielfältiges Bild.

schuld?". Darüber sind die Zirkel der fünf Heidelberger Corps zu finden, unter denen steht: „S.C. Aktienges(ellschaft). 17 % Div(idende)". Daneben wird übrigens verkündet, dass es im Karzer Sepplbier vom Fass gab. Ein Insasse namens Pfeiffer sah den Herrn über die akademische Disziplin ganz anders und hinterließ uns eine Wortspielerei zu dem am Anfang des Jahrhunderts tätigen Amtmann Dr. Holderer: „Rätsel: Wer ist noch holder als die süsseste Maid? Nach Sein und Ansehen der Amtmann ein Holderer ist."

Auf einer Ofentür steht nicht nur „Hotel zur goldenen Ernte", sondern auch „Privat-Schatz". Dagegen heißt es schräg gegenüber: „Chamber Horrors". Eine weitere Ofentürinschrift behauptet, dass sich dahinter der Eingang zur Sternwarte bzw. zu einem Lift, nur für Erwachsene, befinde.

Teilweise zerstört ist eine vierteilige Bildgeschichte neben dem Eingang nach Sans Souci. Sie wurde 1880 gemalt. Von wem, lässt sich nicht mehr entziffern. Im ersten Bild begegnet uns ein grimmiger Polyp, natürlich auf

Studentenjagd. Auf der nächsten Zeichnung sieht man, wie der böse Mann hinfällt, die Studenten drehen ihm eine Nase. Doch statt sich zu verkrümeln, begehen sie weitere Missetaten. Sie werfen Laternen ein und können offensichtlich auch ihr Wasser nicht mehr halten. Die Notdurft verrichten sie am Laternenpfahl. Da ein Bürger mit seinem Krückstock einen Studenten aufhält, hat der säbelschwingend nahende Schutzmann Erfolg. In Ketten werden die Missetäter im vierten Bild abgeführt.

DER THRONSAAL

Toiletten regen von jeher die Fantasie der Menschen in einer besonderen Art an. „Nicht anklopfen" – dieser Hinweis an der Tür ist ebenso harmlos wie der Hinweis auf das „Closetpapier in der Kanzlei". „Cacteen" werden als die größte Sehenswürdigkeit im „echt amerikanischen Treibhaus" angepriesen. Im Innern führen Treppen zum eigentlichen Klo hinauf. Das Fenster ist nicht vergittert. Auf der Innenseite der Tür wird mit diversen Zeichnungen darum gebeten, möglichst freundliche Gesichter zu machen.

Hinter der mit „Wohnung des Amtmanns" gekennzeichneten Tür befand sich die Magdkammer, daher wohl auch der Spruch „für Studentinnen".

Der „Thronsaal" regte die Fantasie der besonderen Art an.

PALAIS ROYAL

Der Name Palais Royal soll daher kommen, dass hier schon seit Mitte des 19. Jahrhunderts zwei Betten standen. Geläufig ist auch die Bezeichnung VC-Klause: VC steht für Vertreter-Convent der Turnerschaften, denn es handelte sich um deren bevorzugtes Arrestlokal. Das zeigen die Wappenschilder der Rhenopalatia und der Ghibellinia. Bilder ab dem Ende der 80er-Jahre des 19. Jahrhunderts zieren die Tür dieses Karzers, und die älteste Inschrift darauf stammt von einem Mitglied der Suevia. Damals hatten die Corps noch keinen „eigenen" Karzer.

Über der Tür befindet sich im Raum das Wappen der Rhenopalatia, neben der Tür das der Ghibellinia. Mitglieder dieser Verbindungen haben das Aussehen des Arrestlokals geprägt. Die Eingelochten berichten von recht normalen Straftaten. Ein Student saß vom 1. bis 3. März 1900, weil er „einem Kneifer verschiedentlich handgreiflich Comment beibrachte". Fünf Mitglieder der Rhenopalatia, nämlich Wurm, Grefe, Kleisinger, Knauer und Dillenius, in Schattenmalerei von F. Grefe dargestellt, ließen sich eine vergleichsweise originelle Straftat einfallen: „Vom 21.–28. II. 03 wurden wir hier eingelassen, da wir auf einem Viehwagen I. Klasse rübenwerfenderweise durch die Hauptstraße würgten, was den Schutzmann No. 61 in seiner Eckensteherei störte."

Im Palais Royal haben aber nicht nur Turnerschafter ihre Spuren hinterlassen; so sind in diesem Raum auch die Burschenschaft Frankonia sowie die mathematisch-naturwissenschaftliche Verbindung Markomannia vertreten. Auf einem Wappen der Landsmannschaft Zaringia an der Nordwand stehen alle 17 Mitglieder dieser Korporation, die bis 1909 hier einsaßen. Ein Mallalieu aus England gibt bekannt, dass er „8 days" hier verbrachte. Mit flotten Sprüchen priesen z. B. der Senior und Consenior der Rhenopalatia das Karzerleben:

„Vom 5. – 13. III. 04 wurden uns vom hohen Senat diese Räume zur Verfügung gestellt, denn jemand schätzte es nicht, in B.-V. [Bierverschiss – E.O.] geflogen zu sein."

Oder ganz prägnant Adolf Goldmann und Bernhard Essering im März 1900: „Polyp geneckt – Amtmann zitiert – Karzer gesteckt – fein amüsiert". Im gleichen Sinne reimte W. Rieke im August 1910: „Wenn jeder wüßte, wie man hier so schön im Karzer lebt, da wäre jeder Ort alsbald mit Bildern ganz beklebt. Zu Essen und zu Trinken gibt's für manchen mehr als genug.

Silhouetten von Turnerschaftern bestimmen das Bild des Palais Royal.

Die beiden Mitglieder der Ghibellinia, Sumbauer und Sutter, wohnten 1906 je fünf Tage nacheinander in der VC-Klause.

Fideikommisses Schwerinsburg bei Anklam. Er hatte sich übrigens lange gesträubt und alle Rechtsmittel ausgeschöpft, um die Haft zu vermeiden.

Ein gewisser Hauser war dagegen froh, seine Briefschulden erledigen zu können. Davon erzählt das Gedicht: „Fünf beschauliche Tage, die mir vom gestrengen Amtmann zugesprochen sind worden, verbracht ich in einsamer Musse. Hab sie redlich genutzt und sämmtliche Schulden an Briefen endlich erledigt und damit erhalten mir manchen der Freunde. Könnt ich die anderen Schulden, genannt von den Übeln das Größte, auch mit fünf Tagen mit tilgen, die hier ich verbringe wahrlich mit Wonne, ich thät's und wandelte froh dann den Weg in die Freiheit, hohnlächelnd der Gläubiger Schaar. E. Hauser."

S.C.-RAUM (S.C.-KLAUSE)

„Dieses Lokal ist nur für S.C.-Leute", steht hier deutlich zu lesen. Logisch, dass das Bild des Raumes von Wappen der Heidelberger Corps des Kösener Senioren-Convents-Verbands bestimmt wird. An der Seite, an der der Ofen steht, befinden sich die der Saxoborussia und der Rhenania, an der Fensterwand das der Suevia. Diverse Mützen und Stürmer schmücken den Raum, dessen älteste Inschrift von 1886 stammt. Die S.C.-Klause wurde im Zuge von Umbaumaßnahmen erst kurz zuvor eingerichtet, da die bestehenden Zellen

Amerika und England schickt die schönsten Mädel zu." Doch wehe, wenn man eine geliebte Freundin hatte. Ein Gefangener hinterließ uns die wehmütige Inschrift: „O liebe Paula, wie öde sind die Tage und Nächte ohne dich". Am Balken steht die wohl älteste Inschrift dieses Raumes. Sie stammt von einem von Lachmann, der sich 1865 hier verewigte.

Ein prominenter Name: Im Palais Royal saß Axel Graf von Schwerin, Anfang des 20. Jahrhunderts sogar Vorsitzender der Studentenschaft. Von Schwerin wurde 1901 Mitglied der Saxoborussia und war Besitzer des nicht ausreichten und einige Studenten im Amtsgefängnis ihre Strafe absitzen mussten. Neben der Tür ist das Wappen der Hasso-Rhenania zu sehen. Die Mitglieder dieser Verbindung haben den Raum offenbar recht häufig besucht.

Einige Inschriften künden von einem gesunden Selbstbewusstsein eines Malers, denn: „Die künstlerischen Produkte werden dem Schutz des Publikums empfohlen." Ein anderer stellte fest: „Sehe ich die Wände an, denke ich beruhigt doch, ist der Leib zu Staub zerfallen, lebt der große Name noch." Das aus anderen Karzern bekannte Kürzel a.G. (als Gast) findet man in Heidelberg nicht. Dabei gibt es auch im S.C.-Raum Inschriften von Nicht-Corpsstudenten, die von gegenseitigen Besuchen zeugen könnten.

Bei einem der üblichen Gelage der Insassen stellte ein Kommilitone fest: „Silentium! Vollmer ist Bierschisser." In ein ominöses Beschwerdebuch schrieben einige Herren, deren Unterschriften unleserlich sind: „Es ist zwar alles da, muß aber warm getrunken werden, da der Sektkühler fehlt." Aber nicht alle Korporierten scheint die Getränkeversorgung befriedigt zu haben. Eine Inschrift erinnert an den Ausbruch der Saxoborussen v. Trotha und Hue de Grais 1903. Dazu mehr in den Karzergeschichten.

Vielleicht hat in diesen Räumen auch ein Schauspiel stattgefunden. Über der Tür steht: „Carcertreff. Die Wüstlinge. Sauleomodie verfaßt von Schultz". In

Der S.C.-Raum ist schon auf Grund seiner Größe besonders reich mit Malereien geschmückt. Etwa 120 Fotos zieren die Tür.

dem Vier-Personen-Stück traten der Knacker Michels, der Säufer Öchelhäuser, das Fräulein Schandy und ein P(olyp) auf. Auf jeden Fall wurde in der S.C.-Klause gewürfelt. Zwei Burschenschafter von der Vineta haben sich dabei als Strichmännchen dargestellt. An einen Diebstahl, der zu vier Tagen Karzer führte, erinnert eine andere Strichelei. Zwei Korporierte wurden von einem Pickelhaubenträger beim Stehlen des Schildes „Edler. Schuster" erwischt.

Karzer kommt von Kerker. Da dürfen Steckbriefe nicht fehlen. Einer steht in der Innenseite des Fensters:

Zwischen den Silhouetten würfeln zwei Burschenschafter in dem erst 1886 als Karzer hergerichteten Raum.

„Steckbrief. Gesucht: Ein Herr. Geburtsort: Ein Waldhaus. Beruf: Waldmensch. Kleidung: Rauch [d. h. Fell, E.O.]. Gestalt: Siehe Brehms Tierleben. Bes. Kennzeichen: Gibt keine Satisfaktion."

SANS SOUCI

In diesem Raum befinden sich noch zwei alte Holzbetten, sie sind Vorgänger der Drahtgestelle, die teilweise erst im Umfeld der 500-Jahr-Feier angeschafft wurden. Die Herren Deubner und Vollhard, denen wir in den Karzergeschichten begegnet sind, haben an ihnen ihre Namen, Zirkel und das Datum des gemeinsamen Aufenthaltes „22.–27. VII. 09" eingeritzt. Da passte es gut, dass in Sans Souci ein Tisch mit *zwei* Stühlen steht.

Ein großer Ritter mit seinen Knappen bewacht den Raum. Schräg gegenüber ein zweiter mittelalterlicher Recke mit Wappen und Fahne. Amüsanter ist der Zug zum Karzer. Es sind Allemannen. Wahrscheinlich ist einer von ihnen der Seiffert, der uns später in der Villa Trall mit dem Wahlspruch „Einer für Alle" begegnen wird. Seiffert ist mit zwei Bundesbrüdern neben dem Karzereinzug als Schattenriss dargestellt. Die Herren reiten auf Pferdestecken. Zwei Männer schieben ein rauchendes und trinkendes Baby. Ein zweiter Babywagen ist mit von der Partie – kinderreiche Studenten. Schräg links über dem Karzereinzug befindet sich der Schattenriss von Georg Protopopoff, der 1906 fünf Tage Karzer absaß.

Im Sans Souci gibt es zudem eine zweite Tür. Sie trägt die Aufschriften „Sans Souci" und „Hasso-Rhenanen-Kapsel".

Auch in diesem Kerker findet man viele amerikanische Inschriften. 1912 scheint die jüngste Inschrift, 1878 die älteste entstanden zu sein. 1882 bzw. 1883 stehen zwar auch auf der Wand, wurden aber vermutlich später gemalt, da sie auf jüngeren Zeichnungen stehen. Recht auffällig sind die drei rot bemützten Herren mit den gelben Jacken, unter denen Agnes de Chile steht.

Ein Ofen zählt zum wertvollen Inventar der Zelle. Ihre Silhouetten hinterließen Mitglieder der Saxoborussia, Rhenania und Suevia.

Die Inschriften reichen bis an die Decke. Auch griechische Sprüche ergänzen die allgegenwärtigen „Scherenschnitte". Alle fünf Heidelberger Corps sind hier vertreten. Das Wappen gehört zum Corps Vandalia.

Die Polypen waren überall. Hier verfolgen sie zwei Studenten, die das Schild „Edler. Schuster" gemaust hatten.

Offensichtlich eine Fantasiecouleur. Eine besondere Bevorzugung durch einen Korporationsverband lässt sich in Sans Souci nicht erkennen.

SOLITUDE

„O tempora, o mores, in diesem schrecklichen Kerker seufzte ein Opfer moderner Barbarei bei Bordeaux und Sekt."

Der Karzerraum Solitude wurde zumindest in den letzten Jahren vor dem Ersten Weltkrieg vor allem von Landsmannschaftern bewohnt, und er wirkt so, als ob er gestern erst verlassen worden sei. Da sind der Holzfußboden, die Bettstelle, der eiserne Ofen, das vergitterte Fenster, der Tisch mit zwei(!) Stühlen. „Heidelberger Landsmannschaft" steht an der Tür und „Ehre, Freundschaft, Vaterland". An gleicher Stelle der Hinweis auf den Verband: „Co L.C. [d. h. Coburger Landsmannschafter-Convent, E.O.] Anno 1868". Nicht mehr vorhanden ist die Klingel, von der alte Beschreibungen berichten. Die Unterschrift ist überliefert: „Bitte zu klingeln. Einmal: Karoline, zweimal: Valentin, dreizehnmal: ein Polyp, 14 Stunden lang unausgesetzt: für den ‚Bierrichter‘" (so nannten die Studenten den akademischen Disziplinarbeamten).

Die älteste erkennbare Inschrift stammt bereits aus dem Jahre 1866 oder 1863. Sie ist nach der Untersuchung des Autors eine der frühesten datierten Zeichnungen. Klar, dass die Insassen auch hier wie ein gewisser Herzog unschuldig saßen und ein Lob auf die studentische Unabhängigkeit ausbrachten, denn „Frei ist der Bursch" (Schütze). Und was soll man schon im Karzer anstellen als schlafen und zechen, wie es B. Rieger vermerkte. In Versen drückte das ein stud. cerev. (ein Saufstudent) aus, der neben Weinglas, Bier, durchstoßenem Herz und Hieber anmerkte: „Bei Wein und Bier, bei holder Frauen Zier, den Hieber in der Hand, für Freiheit, Ehre, Vaterland, immer lustig, heiter und froh, lebt der echte Studio."

Sans Souci wirkt mit zwei Holzbetten und zwei Stühlen noch original. Die Herren in den gelben Jacken sind wohl Chilenen in Fantasiecouleur.

Vergleichsweise kaum verändert präsentiert sich Sans Souci bis heute.

Ein Ritter, wer sonst, wachte über diese Karzerzelle.

Für den Karzeraufenthalt konnte man sogar mit Lorbeer umkränzt werden.

Die roten Mützen gehören wie die Farben der Burschenschaft Allemannia.

Drei Allemannen und ein Franke trafen sich im Juli 1902 in der Zelle.

*Karzergeleit der Burschenschaft Allemannia mit Steckenpferden und
Kinderwagen für den (unehelichen) Nachwuchs.*

Bemerkenswert in der Solitude sind ein amerikanisches Wappen, oben blau gezackt, unten mit roten Streifen, sowie ein Scherenschnitt mit Fez und der zugehörigen Inschrift: „J. Joseph, Fez-Onkel aus Honolulu".

Auch die Schweizer haben links neben dem Fenster ihr Wappen hinterlassen und bekennen sich dazu: „Helvetia seis Panier". Ein Rhenania-Wappen, allerdings nicht das des Heidelberger Corps, ziert die gegenüberliegende Wand.

Alle drei Heidelberger Landsmannschaften, die Zaringia, Cheruskia und Teutonia, hinterließen auf der Tür ihre Farben. Die Zaringia hat besonders fleißige Maler in diesen Kerker geschickt. In der Solitude waren aber auch andere Verbindungen als die Landsmannschaften aktiv. Unter dem Fenster befindet sich beispielsweise das Wappen der Rupertia. Die Markomannia, die als mathematisch-naturwissenschaftliche Verbindung über keinen Raum für ihren Verband verfügte, hat hier gleichfalls Spuren hinterlassen. Und der Herr Seiffert von der Burschenschaft Allemannia versäumte nicht, auch diese Wände zu bemalen. 1906 verewigte sich der approbierte Arzt Carl Schumacher.

Ein Clou ist sicher die Inschrift von E. Tuckerman: „America 2. VII. 89. 3 Tage wegen Laternen auslöschen in nächtlicher [?]". Dazu gehören Silhouette und Laterne. Dr. cer. [ein Saufdoktor – E.O.] Max Salomon aus San Francisco trug sich am 14. 3. 1879 ein.

Auf der Innenfläche der Tür zur Solitude befanden sich früher rund 120 Fotografien. Eine Beschreibung nennt 45 Rhenanen, 29 Saxoborussen, 17 Guestphalen, 11 Schwaben sowie verschiedene Vertreter auswärtiger Corps. Viele sind heute leider durch neue, wahrscheinlich ohne Beziehung zum Karzer, ersetzt. Ein „Bummler" glaubte sich vor Entfernung durch folgende Inschrift schützen zu müssen: „Isqui hoc tangit, Anathema sit" (Wer hier Hand anlegt, den treffe mein Fluch). F. Klingel, ein Mitglied der Suevia, schrieb nach diversen Karzeraufenthalten unter sein Bild: „$2+1+4+8+10+21+8 = 54$ Tage, das genügt". Ein Graf

Blick in die Solitude mit Schweizer Wappen (rechts).

von Bismarck saß vom 27. bis 29. April 1874. Der spätere Direktor des Reichsgesundheitsamtes, G. Wolff-
büttel, und die Gebrüder Schön von der Vandalia sollen
abwechselnd 14 Tage gesessen haben. Der eigentliche
Häftling wurde also durch seinen Bruder „vertreten“,
ohne dass der Pedell es bemerkte. Ihre Bilder sind heute,
im Gegensatz zu den vorgenannten, nicht mehr vorhanden. Auch ein Teil der Fotos am Fenster ging verloren.

VILLA TRALL

Auch die Villa Trall, inschriftlich über der Tür als bevorzugtes Arrestlokal der Heidelberger Burschenschaft
gekennzeichnet, verfügt über Originalausstattungs-
stücke, wie zwei(!) Bettstellen, Ofen und Tisch. „Ehre,
Freiheit, Vaterland“ – der Wahlspruch der Deutschen
Burschenschaft steht auf der Rückseite der mit Bildern
von Insassen verzierten Tür. „Bier, Unschuld, Rache“ –
der über ganz Deutschland verbreitete Karzerspruch ist

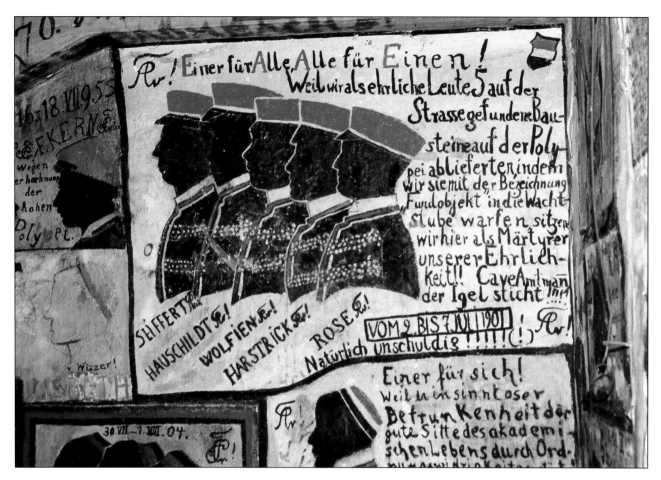

Die Darstellung von fünf Allemannen, die 1901 Pflastersteine in die Wachstube warfen, gehört zu den beliebtesten Fotomotiven.

Der erste der Steinewerfer:
Heinrich Seiffert

Hans Hauschildt

gleichfalls hier zu finden, ebenso wie das nicht nur durch die Musketiere geprägte Motto „Einer für Alle. Alle für Einen. Weil wir als ehrliche Leute fünf auf der Strasse gefundene Bausteine auf der Polypei ablieferten, indem wir sie mit der Bezeichnung ‚Fundobjekt‘ in die Wachstube warfen, sitzen wir hier als Märtyrer unserer Ehrlichkeit. Cave Amtmann, der Igel sticht. 2.–7. Juli

1901. Natürlich unschuldig. Seiffert, Hauschildt, Wolfien, Harstrick, Rose." Pech. Das Fenster war verschlossen gewesen.

Ein A. Bode, er war mehrfach Funktionsträger in seiner Verbindung, ließ sich von dieser Inschrift inspirieren: „Einer für sich! Weil er in sinnloser Betrunkenheit die gute Sitte des akademischen Lebens durch Ord-

Otto Wolfien

Ludwig Rose

Auch auf Karzertüren gesellen sich Mitglieder von Studentenverbindungen zueinander, wie hier Frankonen. Die Aufnahme
wurde für die Medikamentenwerbung genutzt.

Eine Kneiperei auf dem Lande gehört zu den seltenen Darstellungen im Karzer. Auch sie wurde für Tablettenwerbung genutzt.

In der Villa Trall saß der vorletzte Heidelberger Häftling Otto Stepp im Februar 1914.

nungswidrigkeiten störte. 6 Tage! 14.–21. III. 1912". „Einer für alle", das schrieb auch der Allemannen-Senior Max Burmeister: „Zur Feier des 100jährigen Todestages des Freiheitsdichters Schiller verlebte (er) allhier den 8. und 9. Mai 1905" (neben dem Eingang). Leider sind die anderen Sünder nicht aufgeführt. Ihre Namen, sie standen im Karzeraufgang neben der Inschrift „Als Sündenbock für diese 5 sitzt hier Max Burmeister", wurden irgendwann ausgelöscht.

Das gleiche Schicksal hatte eigentlich auch den Allemannen Hans Hauschildt ereilt. Nur noch „dt" war zu lesen, das Gesicht schwarz übermalt. Der Rechtsanwalt gehörte 1903 bis 1921 nicht der Allemania an. Da die Restauratoren der Jahre 1983/84 für ihre Arbeit eine alte Vorlage nutzten, ist Hauschildts Name auf dem „Einer für alle, alle für einen"-Bild heute wieder vollständig zu lesen.

Drei seiner Mittäter waren bereits tot, als Hauschildt wieder Mitglied der Allemannia wurde: Ludwig Rose und Otto Wolfien fielen im Ersten Weltkrieg, Heinrich Seiffert starb schon 1910 als Schiffsarzt. Er hinterließ seiner Burschenschaft 5000 Mark für eine Gedächtniskneipe. „Zwei für alle", um die Reihe fortzusetzen, notierten die Herren Ulrich und Drautz im Jahr 1908. Die wohl jüngste Inschrift hat Otto Stepp, der vorletzte Insasse – einen Tag vor Schandelmaier entlassen – verfasst: „17.–20.2.1914". Er hat auch einen Schattenriss hinterlassen. Die ältesten erhaltenen

Allemannen-Senior Max Burmeister saß 1905 nach eigenem Zeugnis als Sündenbock im Karzer.

Malereien stammen aus den Jahren 1870 und 1871. Zwei Schnitzereien der Herren Schmidt (1861) und von Betke (1864) im Türrahmen gehören zu den ältesten, die in Heidelberg erhalten blieben.

Auch die Wände der Villa Trall sind über und über mit Inschriften bedeckt. Herr Wolf machte nicht einmal vor den Fensterscheiben halt. An eine Karzereinführung der Burschenschaft Frankonia erinnert die Inschrift des seinerzeitigen Seniors dieser Verbindung, F. Ruoff: „Saß hier 5 Tage, weil er 3 Bundesbrüder in Ketten zum Karzer gebracht hat. 2.–7. Juni 1905." Auch für ihn gab es, ebenso wie für die drei Frankonen, einen zünftigen Einzug in den Karzer.

Die Burschenschafter waren keine Weiberfeinde, darum schrieb einer in das rote Herz „Käthe" und ein anderer gedachte Milli, seiner weißen Taube.

Kein Romantiker scheint hingegen W. Duisberg gewesen zu sein, zumindest beim Kartenspielen. Sein Bildnis zur Haft vom 18.–22. VI. 1889 ist mit Rüsselkopf, Schweinefüßen und Karten in der Hand ausgeführt. Wie die Abbildung eines Alten Herrn wirkt der wohl beleibte Biertrinker mit Pfeife neben der Tür. Die wohl älteste Inschrift hinterließ Fred Stru[?] aus Pittsburgh/USA, der im Sommersemester 1878 vier Tage saß.

KARZERPOESIE

In diesem Kapitel stehen nur solche Gedichte, die nicht in die Beschreibung des Treppenaufgangs, der Flure und die einzelnen Karzer aufgenommen wurden. Auffällig ist die Seltenheit lateinischer und griechischer Inschriften.

TREPPENAUFGANG

Amtmann, Amtmann höde Die!
Fange wi Di, so hange wi Di.

Das Genie tut man bestrafen
Heut in dieser Welt voll Sklaven
Wer die Wahrheit frei thut blitzen
Muss dafür im Carcer sitzen   1898 H.v.P.

O! Zeit der ersten Liebe!
Wo schwandest Du mir hin?
Auf sieben lange Tage
Musst ich ins Carcer ziehn.   E.L. 8–16

§361 R.St.G.:
Studio dring nicht ein mit brennendem Lampion wo hauset Schutzmann Autz ein Polyp mit ganz gewaltigem Fangarm. Frage nicht nach Herrn Müller, dem imaginären Studenten. Sonst verübst du mein Sohn, wie im Gesetzbuch zu lesen Gröblichen Unfug indem, du die heilige Hermandat höhnest. Mit 3 Tagen im Karzer wie es bestimmt die vis maier Findest du Zeit nebst Raum die Milch der Weisheit zu saufen.

An den Karzer.
Oft zwar bist Du gefeiert in Schwungvoller Weise im Liede,
Doch in der Realität hast Du es nimmer verdient.
Sässen doch all die Dichter vierzehn Tage nur hier.
Trocken würde die Ader so man poetische nennt.
3.–16. August 1891   H. Schaffner

Hier der Ort, wo ich zum ersten Male Onkel wurde! Meiner ersten Nichte Irmgard kräftigen Schluck.

Jos. Fritz. 24.–27. Mai 1900.

Ode an No. 5
gewidmet von C. Quellmalz

Ich weiß nicht, was soll es bedeuten
Dass, wenn so erheitert ich bin
Mein Ulken zu diesen Zeiten
Herrn Kaef nicht will aus dem Sinn.

Der Suff war gros und es dunkelt
Vom Speirerhof kam ich her
Herrn K......'s Helmspitze fungelt
Wie lockte mich das so sehr.

Sag was dein Säbel sitzet
Dort links so wunderbar?
Gar grimmig sein Auge blitzet
Und streicht des Schnurrbarts Haar.

O lächle doch holder Gensdarme
Und sing' ein Lied dabei.
Hätt's auch ne wundersame
Gewaltige Melodei.

Da wendet er sich bitter
Ich rief ihm lächelnd zu
O sag' Gesetzes Hüter
Wo hast die Handschuh du?

In's Carcer rief kühn das Gesetz
Auf sieben Tage mich dann
Das hast du mit deinen … *(Rest überputzt)*
O Karcerer gethan.

4.–11. Juli 1890.

Ein Knabe ging einst ganz alleine
in der Polypen Wachtlokal hineine.
Und sehr besorgt um deren Ruh
dreht er ganz keck das Gaslicht zu.

Doch Undank ist ja stets der Lohn,
den man empfängt, der Ehr zum Hohn,
denn statt ihm Lob und Dank zu spenden
that ihn der Amtmann in den Karzer senden.

In Zukunft drum mein Wahlspruch sei
„Verachte stets die Polypzei"
Denn oft macht die dem Studio viel Schmerzen
da sie für lust'ge Streiche nur Bosheit trägt im
Herzen.

Ein Karcerlied
(Frei nach Goethes Parzenlied)

1) Bierehrliche, fürchtet der Kneifer Geschlecht.
Sie haben zu Hause viel Bogen Papieres
Und schreiben dem Amtmann,
Was ihnen missfällt!
2) Der fürchte sich doppelt, der jocontrahieret
Hier oben sind Pritschen u. Stühle bereitet
Um einige Tische
3) Erhebet ein Zwist sich
So mühst ihr zum Amtmann
Der schleudert erzürnt in luftige Höhen
Ihr harret vergebens im Kerker gebunden gerech-
ten Gerichtes.
4) Sie aber sie schreiten vergnügt durch die Stras-
sen
Und lachen noch höhnend bei fröhlichem Um-
trunk
des schnöden Verrates.
5) So sang ein in diese Hallen verbannter
Es höret so mancher die bitteren Worte
Denkt seiner Genossen
Und schüttelt das Haupt.

8 Tage 1900 V.I.H. Meyer *(Zirkel XXX)*

FLUR / WAND 2

Auf dem Carcer lebt sich's herrlich,
Auf dem Carcer lebt sich's schön.
O wie schmerzt mich's, ach ich soll schon
Aus dem lieben Carcer geh'n!

Hätt' ich doch statt 5 Laternen
25 ausgemacht
Hätte dann statt 2 der Tage
Zehne mal hier zugebracht.

den 18ten Juni 1880   Georg Cuny

Die Damen geliebt
manch Liedlein gesungen
Polypen gefoppt
den Säbel geschwungen
in Karzer geflogen
eh ich's gedacht
da hab ich die lustigsten
Tage verbracht
                    Kurt Seyberth s/1 Karzer

FLUR / WAND 4

Ihr Leute hört die Morothat
Drei Knaben haben abends spat
Zum Fenster heraus gesungen
Da wurden sie beigehungen.
            I. Veith   M.Wilde   K.Göltsch
            21.–23. Juni 87

Zwei Knaben gingen einmal los,
Vom beiden hieb der andre blos,
Der eine Kniff ohn Zweifel
Pfui Teufel!   D.

Was Langeweile bald, bald flotter [Rest unleser-
lich]
Auf diesen Wänden hat ge[…]
An spitz'gem Wort und Sinn […]
Das zu vertilgen wagen La[…]

Zum zweiten Mal kam ich herein
Zwei lange Tag sass ich ein.
Ein Engel blies mir an Eides statt
Ich hab den Carcer gründlich satt.
                    WS 92/93 L. Hauser.

2 Tage saß im Käfig
im Sommer ich allein.
Dem Amtmann war's zuwenig,
er sperrt mich nochmal ein.

8 Tage muß jetzt sitzen
ich in dem Karzer hier.
Am warmen Ofen schwitzen
zum Lohn für mein Pläsier.

Ohrfeigen sind sehr teuer,
wenn sie der falsche kriegt,
doch hab das Ungeheur
ich wenigstens besiegt.

Oh Schicksals Tücke höre
Sei fortan du gelind.
Denn du verdirbsts, ich schwöre,
mit allen sonst geschwind.

Die Zeit ist abgesessen.
Morgen zieh ich nach Haus.
Und denk beim Mittagessen
Jetzt bist du fein heraus.

> E. Eger
> 9.–17. III. 1896
> 2 + 8 = 10 Tage

S.C.-RAUM

In der Bodega muß ich scheiden,
Wo's gar so lustig war und schön,
und meine Kleine mußt ich meiden
Musst in den öden Karzer gehn.

> 12. März 1903 *(Unterschrift unleserlich)*

Wenn wer sich wo als Lump erwiesen
So bringt man in der Regel diesen
Zum Zweck moralischer Erhebung
In eine andere Umgebung.
Der Ort ist gut, die Lage neu.
Der alte Lump ist auch dabei. (Busch)

Zwei Brüder trugen einst alleine
Des Nachts vom Neubau Ziegelsteine.
Das kleine Auge des Gesetzes wohlbedacht
Hat bald dem bösen Spiel ein End gemacht.
Zur Strafe saßen drum hier voll Verdruß
Vier Tage lang der Minus und der Plus.

> *(Unterschrift unleserlich, aber ein Stück weiter steht in gleicher Schrift:* H. Raehmel II, gen. Plus, 2.–6. Juli 1888)

SANS SOUCI

Wer nie sein Brod im Carcer ass,
Wer nie bei kummervoller Nacht
Auf hartem Bette wartend sass,
Der kennt nicht der Polypen Macht.

Das Auge des Gesetzes wacht
selbst in der tiefsten Mitternacht.
Und kaum ist uns ein Frosch entfahren
Hat der Polyp uns an den Haaren.
Statt Karzer nur ein Strafmandat
bestrafe diese Freveltat.
      F. Baessler
      W. Frhr. von Mohn
      H. Linnartz
      14.07.04

Wenn ich einmal der Herrgott wär
Mein erstes wäre dies
Ich nähme meine Allmacht her
Und schüf nen großen Spieß.

Mit diesem hätte ich durchbohrt
den Amtmann, Hipp genannt,
und in der Hölle ihn geschmort
6 Tag im größten Brand.

Gefährlich ists, den Leu zu wecken
Entsetzlich ist das Tigervieh
Jedoch der härteste der Schrecken
Das ist ein Bett im Sans Souci.
      2 Gießener Mitglieder vom Kreise Sans Souci.

HEIDELBERGER
VERBINDUNGEN

Angaben erfolgen in der Reihenfolge Name, Adresse (wenn nicht anders angegeben in Heidelberg), Gründungsdatum, Farben, nach den Angaben in: Akademisches Deutschland, Band II, Berlin 1931.

Corps im Hohen Kösener Senioren-Convents-Verband (H.K.S.C.V.)

Corps Suevia
Klingenteich 4
27. März 1810
Schwarz – Gelb – Weiß auf Gold
von unten

Corps Guestphalia
Neue Schlossstraße 4
1. Dezember 1818
Grün – Weiß – Schwarz auf Silber

Corps Saxoborussia
Riesenstein
16. Dezember 1820
Weiß – Grün – Schwarz auf Silber

Corps Vandalia
Neue Schlossstraße 2
8. März 1842
Gold – Rot – Gold auf Gold

Corps Rhenania
Hauptstraße 231
15. Januar 1849
Blau – Weiß – Rot auf Gold

Burschenschaften in der Deutschen Burschenschaft (D.B.)

Burschenschaft Allemannia
Karlstraße 10
7. November 1856
Schwarz – Weiß – Rot von unten

Burschenschaft Frankonia
Neue Schlossstraße 12
15. November 1856
Gold – Schwarz – Rot – Gold

Burschenschaft Vineta
Zwingerstraße 8
10. Juli 1879
Schwarz – Weiß – Hellblau von unten

Landsmannschaften in der Deutschen Landsmannschaft (D.L.)

Landsmannschaft Teutonia
Teutonenhaus, Bremeneck
2. November 1883
Rot – Weiß – Violett

Landsmannschaft Zaringia
Schlossberg 9
9. November 1880
Schwarz – Gold – Grün

Turnerschaften im Verband der Turnerschaften auf deutschen Hochschulen (V.C.)

Turnerschaft Ghibellinia
Fischmarkt 3
5. November 1886
Hellgrün – Weiß – Rosa

Turnerschaft Rhenopalatia
Scheffelstraße 16, Rheinpfälzerhaus
16. Januar 1885
Hellblau – Weiß – Dunkelblau

Wehrschaft in der Deutschen Wehrschaft (D.W.)

Germania (suspendiert)
–
22. Februar 1922
Schwarz – Weiß – Rot

Burschenbund im Burschenbunds-Convent (B.C.)

Burschenbund Saxonia
Hirschgasse 18
26. Juli 1919
Gold – Weiß – Violett

Burschenschaft im Allgemeinen Deutschen Burschenbund (A.D.B.)

Heidelberger Burschenschaft
im A.D.B. Normannia
Haspelgasse 5
22. Januar 1890
Schwarz – Rot – Gold auf Weiß

Sängerschaft in der Deutschen Sängerschaft (D.S.)

Sängerschaft in der D.S. Thuringia
Ingrimstraße 16
17. Juni 1908
Schwarz – Rot – Weiß

Verbindung im Kartell-Convent der Verbindungen deutscher Studenten jüdischen Glaubens (K.C.)

Verbindung im K.C. Bavaria
Karlstraße 9
26. Oktober 1890 als Badenia
Violett – Weiß – Orange

Akademische Fliegerschaft im Akademischen Fliegerring

Akademische Fliegerschaft Boelcke
Hauptstraße, „Zum Augustiner-bräu"
18. November 1924
Dunkelgrün – Weiß – Hellblau

Sängerverbindung im Sonderhäuser Verband deutscher Sängerverbindungen (S.V.)

Sängerverbindung im S.V. Stauffia
Mantelgasse 24
5. Juli 1899
Schwarze Verbindung / Verbindungsfarben Rot – Weiß – Gold

Verein Deutscher Studenten im Kyffhäuser-Verband

Verein Deutscher Studenten zu Heidelberg
Plöck 68
5. Dezember 1882
Schwarz – Weiß – Rot

Akademische Turnverbindung im Akademischen Turnerbund (A.T.B.)

Akademische Turnverbindung Hasso-Rhenania zu Heidelberg
Untere Neckarstraße 60 (Hasso-Rhenanenhaus)
11. Juni 1899
Rot – Weiß – Grün

Verbindungen im Miltenberger Ring (M.R.)

Verbindung im M.R. Leonensia
Klingentor 10
26. Juni 1871
Blau – Gold – Rot

Verbindung im M.R. Rupertia
Schlossberg 27/29
23. Mai 1873
Rot – Weiß – Rot (nicht getragen)

Verbindung im M.R. Karlsruhensia
Leopoldstraße 52
10. Mai 1878
Rot – Gold – Rot (nicht getragen)

Verbindung im Wingolfbund (W.B.)

Heidelberger Wingolfbund
Werrgasse 4, Wingolfshaus
17. Juni 1851
Blau – Weiß – Gold

Verbindung im Schwarzburgbund (S.B.)

Schwarzburgverbindung Hercynia
Plöckstraße 101
29. November 1852
Blau – Rot – Gold

Farbentragende katholisch-deutsche Studenten-Verbindung im Cartell-Verband der katholischen deutschen farbentragenden Studentenverbindungen (C.V.)

K.D.St.V. Arminia
Klingenteichweg 21
17. Juli 1887
Schwarz – Weiß – Blau

Katholische nichtfarbentragende Vereine im Kartellverband der katholischen Studentenvereine Deutschlands (K.V.)

Katholischer Studentenverein Palatia
Schlossberg 17
4. November 1872
Rot – Gold – Himmelblau (nicht getragen)

Katholischer Studentenverein Ripuaria
Restaurant „Fauler Pelz", Zwingerstraße 18
10. Juli 1899
Grün – Gold – Rot (nicht getragen)

Wissenschaftlicher katholischer Studentenverein im Verband der wissenschaftlichen katholischen Studentenvereine Unitas (U.V.)

Wissenschaftlicher katholischer Studentenverein Unitas
Klingenteich 19
11. Juli 1900
Gold – Weiß – Blau (nicht getragen)

Verbindung im Hochland-Verband

Kath. neustud. Verbindung Hochland
Gr.: 1920. Rek. 1929 (Stud. u. Studentinnen)

Verbindung im Kartell Jüdischer Verbindungen (K.J.V.)

V.J.St. Ivria
–
21.10.1911
Blau – Weiß – Gelb

Vereinigung im Bund Jüdischer Akademiker (B.J.A.)

Vereinigung jüdischer Akademiker zu Heidelberg (im B.J.A.)
Universität
10. Juni 1907
–

Vereinigungen im Deutschen Wissenschaftler Verband (D.W.V.)

Mathematisch-Naturwissenschaftliche
Verbindung Markomannia (im Arnstädter
Verband mathematischer und naturwissen-
schaftlicher Verbindungen / A.V.)
Haspelgasse, Hotel 4 Jahreszeiten
16. Juni 1876
Violett – Weiß – Gold

Akademisch-Theologische Verbindung
„Wartburg" (im Schmalkaldener Kartell
theologischer Verbindungen / S.K.)
Handschuhsheimer Landstraße 85
15. Juni 1863
Violett – Weiß – Grün

Philologisch-Historische Verbindung Cimb-
ria (im Dornburg-Kartell geisteswissen-
schaftlicher Verbindungen / D.K.)
Hauptstraße 15
15. Juni 1876
Violett – Weiß – Violett

Akademisch-Wissenschaftliche Verbindung
Kurpfalz (im A.V.)
Pfungstädter Hof, Kaiserstraße
1. August 1924
Schwarz – Gold – Rot

Vereinigung im Bund Freier Wissenschaftlicher Vereinigungen an deutschen Hochschulen (B.F.W.V.)

Freie Wissenschaftliche Vereinigung
Leyergasse 6, Ritterhalle
1. Juni 1892
Blau – Rot – Silber (nur im Zipfel
getragen)

Freie wissenschaftliche Vereine

Naturwissenschaftlicher Verein Studierender
Pfalz, Neuenheim, Rahmengasse 15
6. Januar 1876
Weiß – Grün – Schwarz

Akademischer Stenographen-Verein
Stolze-Schrey
–
Sommersemester 1908
Nicht korporativ

Freie Deutsche Hochschulgilde

Deutsche Hochschulgilde Ernst Wurche zu
Tübingen, Heidelberg und Bonn
Kanzlei in Bonn, Reutherstraße 4a
1. Dezember 1922
Schwarz – Gold – Blau

Studentinnen-Vereinigung im Verband der Studentinnenvereine Deutschlands (V.St.D.)

Heidelberger Studentinnengruppe

–

Pfingsten 1929
Interkorporativ

Studentinnenverein im Verband der katholischen deutschen Studentinnenverbände (V.K.D.St.)

Katholischer Deutscher Studentinnenverein
Hildegard
Universität
3. Juli 1916
Grün – Weiß – Violett

Sonstige Freie Vereinigungen

Akademischer Gesangverein
Neues Kollegienhaus
Mai 1885

–

Akademischer Ruderverein Heidelberg
Untere Neckarstraße 72
12. Januar 1902

–

A.S.C. Heidelberg (Straßburg) Akademischer
Skiclub Heidelberg
Universität
1899 in Straßburg

–

Deutsche Christliche Studentenvereinigung
Kreis Heidelberg
Burgweg 3
1892

–

Akademischer Bonifatiusverein Heidelberg
Bismarckstraße 5 (Katholische Studentenseelsorge)
20. Februar 1925

–

Zweigstelle der Caritas für Akademiker
Akademische Vinzenzkonferenz
Akademische Elisabethkonferenz
Congregatio Mariana Academica
alle Bismarckstraße 5 (Katholische
Studentenseelsorge)

QUELLEN
UND LITERATUR

UNGEDRUCKTE AKTEN

(Die Aktentitel wurden sinngemäß gekürzt)

Universitätsarchiv Heidelberg

VIII, 1, Nr. 1: Disziplin der Studierenden, Allgemeines, 1707–1782.

VIII, 1, Nr. 2/1: Aufrechterhaltung von Ruhe und Ordnung etc., 1788–1799.

VIII, 1, Nr. 3/1: Gegen Trinken und Duellwesen 1802/03.

VIII, 1, Nr. 30: Disziplin und Polizei 1665–1809.

VIII, 2, Nr. 160: Streitsachen 1758–1772.

A-800: Mandate gegen Gartendiebstähle etc. 1662–1671.

VIII, 1, Nr. 121: Flucht des Studenten Adolph Barth aus dem Karzer 1833.

VIII, 1, Nr. 122a: Untersuchung gegen Adolph Barth 1833.

VIII, 1, Nr. 257: Vollzug der Karzerstrafen 1833–1908.

VIII, 1 Nr. 111: Wegen Verrufserklärung, Bursche heraus rufen etc. 1828.

VII, 1 Nr. 114: Criminaluntersuchung gegen Ludwig Clausing etc. 1832.

VIII, 1, Nr. 47a: Karzerordnung 1823, Beschwerden über Ministerium und Pedell, 1805–1828.

A-860: Karzerbuch 1879–1914.

A-860, 386, 27a, I, 3, Nr. 190: Untersuchung wegen des Militärs in das Universitätshaus einzudringen 1709.

A-868, VIII, 1, Nr. 192c III: Untersuchungs-Sache contra mehrere hiesige Akademiker wegen Verrufserklärung der hiesigen Universität 1829–1833.

I$_a$/1829: Untersuchungsakten zum Auszug nach Frankenthal 1828.

A-383, 156, IX, 2, Nr. 65: Disziplinargerichtsbarkeit.

A-864, VIII, 1, Nr. 343, 47: Disziplinarakten gegen Mohr etc. wegen Zechschulden 1888.

A-862, 392, 148, VIII, 1, Nr. 47b: Disziplinarsachen, Einzelfälle ab 1807.

A-862, VIII, 1, Nr. 32, 47: Relegationen.

A-433, IX/8, I/10b, 14: Bauakten Karzer, Wohnung der Oberpedelle 1806–1918.

A-160/176 I, 3, Nr. 258: Protokollband des engeren Senats 1884–1894.

A-160/177, I, 3, Nr. 260: Senatsprotokolle 1909–1919.

B-5111/2, 14b: Karzer, Wohnung Oberpedell ab 1927.

B-1266/1, I, 3, Nr. 261a: Sitzungsprotokolle des Engeren Senats 1919 ff.

B-5119/1, 10a: Besichtigung von Gebäuden.

Generallandesarchiv Karlsruhe

235, Nr. 3777: Universität Heidelberg, Bausachen.

235, Nr. 30060: Universität Heidelberg, Polizeisachen.

27, Nr. 842: Gerichtsbarkeit über subalterne der Universität, 18. Jahrhundert.

27, Nr. 1134: Maskierte Schlittenfahrten, 1777.

GEDRUCKTE QUELLEN UND DARSTELLUNGEN

Akademische Vorschriften für die Badischen Universitäten zu Heidelberg und Freiburg. Karlsruhe 1920.

Die akademische Gesetzgebung. – In: Akademische Zeitschrift, N.F. 1. Jg. (1846), S. 157–163, 173–183, 218–236, 242–246.

Die Aufhebung der akademischen Gerichtsbarkeit in Baden. Von Universitätsamtmann von Hillern. – In: Deutsche Universitäts-Zeitung 1(1848/49), S. 131–134.

D. Aurand, G. Berger: … Weiland Bursch zu Heidelberg. Eine Festschrift der Heidelberger Korporationen zur 600-Jahr-Feier der Ruperto Carola. Heidelberg 1986.

T. Bechert: Der Heidelberger Studentenkarzer. Zaringia Heidelberg 1995.

J. Becker u.a.: Badische Geschichte vom Großherzogtum bis zur Gegenwart. Stuttgart 1987.

H.-G. Bickert, N. Nail: Marburger Karzer-Buch. Marburg 1989.

A. Bienengräber: Akademische Karzer. – In: Das akademische Deutschland, Band 2, S. 155–170, Berlin 1931.

E. E. Burchardt: Die akademische Disziplin. Dissertation, Greifswald 1911.

Das Corpsleben in Heidelberg während des 19. Jahrhunderts. Festschrift zum fünfhundertjährigen Jubiläum der Universität. Heidelberg 1886.

O. Dammann: Die Universität Heidelberg nach dem Frankfurter Attentat. Neue Heidelberger Jahrbücher N.F. 1936, S. 28–33.

E. Dietz: Die Deutsche Burschenschaft in Heidelberg. Ein Beitrag zur Kulturgeschichte deutscher Universitäten. Heidelberg 1895.

Ebbes vom Karzer. – In: Zeitung des Corps Austria, Frankfurt/Main, Jg. 1958/61, Nr. 114–125.

Aus den Erinnerungen des Jenenser und Münchener Germanen und Heidelberger Frankonen Gustav P. Körner, eines der Leiter des Frankfurter Aufstands, an seine Burschenzeit. – In: Burschenschaftliche Blätter 9(1896), S. 1–4.

W. Fabricius: Die deutschen Corps. Frankfurt/Main 1926.

H. Grathwohl: 100 Jahre Turnerschaft Ghibellinia im CC zu Heidelberg. Heidelberg 1986.

L. Heffter: Beglückte Rückschau auf neun Jahrzehnte. Ein Professorenleben. Freiburg 1952.

Heidelberger Studentenleben einst und jetzt. Sechsunddreißig Bilder nach Naturaufnahmen, Handzeichnungen und Kupferstichen. Heidelberg 1886.

G. Heidemann: Heidelberg. München 1983.

F. Hirsch: Von den Universitätsgebäuden in Heidelberg. Ein Beitrag zur Baugeschichte der Stadt. Heidelberg 1903.

H.-J. Hirsch, U. Nieß: Ein früher Revolutionär? Anmerkungen zu Friedrich Heckers Schul- und Studienjahren in Mannheim und Heidelberg. – In: Mannheimer Geschichtsblätter N. F. 7 (2000), S. 211–232.

M. Huffschmid: Heidelberger Studentenstreiche. – In: Kurpfälzisches Jahrbuch 1929, S. 142–155.

G. Jellinek (Hg.): Gesetze und Verordnungen für die Universität Heidelberg. Heidelberg 1908.

S. Juschka: Das Karzergebäude. – In: Semper Apertus V, S. 73–78, Heidelberg 1985.

Karlsruher Zeitung Nr. 244, 2. 9. 1828.

G. Kaufmann: Die Geschichte der deutschen Universitäten. Bd. 2, Stuttgart 1846.

D. Kehsler: Akademische Gerichtsbarkeit. – In: Einst und Jetzt, 1957.

T. Kobbe: Humoristische Erinnerungen aus meinem Leben in Heidelberg und Kiel 1817–1819. Erstes Bändchen, Bremen 1840.

A. Köttgen: Deutsches Universitätsrecht. Greifswald 1934.

H. Maack: Grundlagen des studentischen Disziplinarrechts. Freiburg 1956.

Die Merkwürdigkeiten Heidelbergs, seine Studenten und Philister der letzten 50 Jahre. Heidelberg 1986.

E. Oberdörfer, H.-D. Schroeder: Ein fideles Gefängnis. Greifswalder Karzergeschichten in Wort und Bild. Schernfeld 1991.

E. Oberdörfer: Heidelberger Karzerkunst – eine Momentaufnahme. – In: Einst und Jetzt 42 (1997), S. 121–156.

E. Oberdörfer: Bemerkungen zur Geschichte der akademischen Gerichtsbarkeit in Heidelberg. – In: Zeitschrift für Geschichte des Oberrheins 145 (1997), S. 475–490.

E. Oberdörfer: Der privilegierte Gerichtsstand. Anmerkungen zum Studentenleben in Rostock. In: Historia academica 39 (2000), S. 123–136.

H. Orloff: Karzerstrafe als Disciplinarstrafe auf Universitäten. – In: Der Gerichtssaal 33 (1881), S. 189–220.

C. H. A. Pagenstecher: Als Student und Burschenschafter in Heidelberg von 1816–1819. Teil 1, Leipzig 1913.

G. Ritter: Die Heidelberger Universität. Ein Stück deutscher Geschichte. Band 1, Das Mittelalter (1386–1508). Heidelberg 1936.

P. Schubart: Der Heidelberger Universitätskarzer – ein besonderes Kulturdenkmal. – In: Denkmalpflege in Baden-Württemberg 23 (1994), S. 19–24.

G. Seelig: Ein Heidelberger Bursch vor fünfzig Jahren. Erinnerungen. Heidelberg 1933.

P. Ssymank: Zur Reformbedürftigkeit der Gesetzgebung der Studierenden. – In: Hochschulnachrichten 18 (1908), S. 287f.

Statuten und Reformationen der Universität Heidelberg vom 16.–18. Jahrhundert. Herausgegeben von der Badischen historischen Kommission. Bearbeitet von August Thorbeke. Leipzig 1891.

F. Stein: Die akademische Gerichtsbarkeit in Deutschland. Leipzig 1891.

A. Thorbeke: Geschichte der Universität Heidelberg. Abt. 1, Die älteste Zeit der Universität Heidelberg 1386–1449. Heidelberg 1886.

H.-J. Toll: Akademische Gerichtsbarkeit und akademische Freiheit. Die sog. „Demagogenverfolgung" an der Christian-Albrechts-Universität zu Kiel nach den Karlsbader Beschlüssen von 1819. Neumünster 1979.

H. Tompert: Lebensformen und Denkweisen der akademischen Welt Heidelbergs im Wilhelminischen Zeitalter. – In: Historische Studien, Heft 411. Lübeck und Hamburg 1969.

M. Twain: Bummel durch Europa. Berlin 1984.

Verhandlungen des 6. Deutschen Juristentages. Band 1 und 3, Berlin 1865 und 1868.

G. Waltz: Fünfhundert Jahre der deutschen Hochschule in Heidelberg. – In: Die Gartenlaube, Heft 30/1886, S. 530–536.

Wandpoesie des Heidelberger Carcers, für Freunde und ehemalige Bewohner desselben gesammelt von einem dito. Heidelberg 1882.

Geh. Justizrat Weingärtner: Scheffels studentische Beziehungen. – In: Burschenschaftliche Blätter 19 (1904), S. 186ff.

H. Weisert: Die Verfassung der Universität Heidelberg. Überblick 1386–1952. Heidelberg 1974 (Abhandlungen der Heidelberger Akademie der Wissenschaften, Phil.-hist. Kl., Jg. 1974, Abh. 2).

A. Wild: Die Ladenburger Exzesse, die Auflösung der Heidelberger Korps und die Gründung der beiden Heidelberger Burschenschaften Allemannia und Frankonia im Jahre 1856. – In: Burschenschaftliche Blätter 2 (1888), S. 97–99.

H. Wirth: Eine Schlägerei 1601. – In: Archiv für Geschichte der Stadt Heidelberg 1(1868), S. 206–208.

P. Woeste: Akademische Väter als Richter. Zur Geschichte der akademischen Gerichtsbarkeit der Philipps-Universität unter besonderer Berücksichtigung von Gerichtsverfahren des 18. und 19. Jahrhunderts. Marburg 1987.

E. Wolgast: Die Universität Heidelberg 1386–1986. Berlin et.al. 1986.

GLOSSAR

Auszug: Studentische Protest- und Boykottmaßnahme, zum Beispiel, wenn der Verlust akademischer Privilegien drohte. Die Studenten, teilweise auch die Professoren, verließen geschlossen den Hochschulort, machten den Universitätsbetrieb damit unmöglich und fügten den Bürgern, die auf sie als Mieter und Kunden angewiesen waren, erheblichen wirtschaftlichen Schaden zu. Bis zur Beilegung des Konflikts und der Rückkehr der Studenten konnten Jahre vergehen. Es gab auch Fälle, in denen sie gar nicht zurückkamen. So entstand z. B. die Universität Leipzig durch den Auszug der deutschen Studenten aus Prag 1409.

Bursch(e): Ursprünglich der Bewohner einer Burse, also eines mittelalterlichen Studentenheims. Im 17. Jh. bedeutungsgleich mit „Student" verwendet. Im 18. Jh. wurde der Begriff wieder eingeengt: Vollmitglied einer Studentenverbindung mit allen Rechten und Pflichten im Unterschied zum Neumitglied, dem Fuchs.

Burschenschaft: Als Reformbewegung entstandene Form von Studentenverbindung, die nach den Befreiungskriegen gegen Napoleon 1815 in Jena begründet wurde und von dort auf andere Universitäten ausstrahlte. Sie verfolgte das politische Ziel der Einigung Deutschlands, war vom lutherischen Christentum geprägt und wollte übermäßiges Fechten und Trinken unter Studenten bekämpfen. 1819 wurde die Burschenschaft im Deutschen Bund verboten, ihre Mitglieder wurden politisch verfolgt. Sie hatten einen bedeutenden Anteil an der Märzrevolution 1848. Ursprünglich sollten alle Studenten in einer Burschenschaft organisiert werden. Später entwickelte sich die Burschenschaft zu einer Mehrzahl „normaler" Studentenverbindungen neben anderen. Nach 1871 standen die Burschenschaften meist loyal zum „kleindeutschen" Nationalstaat Bismarcks.

Chargierter: Amtsträger einer Verbindung, oder: ein Student, der seine Verbindung bei einem offiziellen Anlass vertritt und dazu eine spezielle Festtracht, die „Wichs", trägt.

Consilium abeundi: Wörtlich die Empfehlung, (von der Universität) wegzugehen. Verweisung von der Universität oder auch nur Androhung dieser Maßnahme; der gemaßregelte Student hatte das ihm vorgelegte Consilium in jedem Fall zu unterschreiben. Die Strafe war milder als die Relegation, da sie nicht nach außen mitgeteilt wurde.

Corps: (französisch Körper, Körperschaft) Die älteste heute noch bestehende Form von Studentenverbindungen, geprägt durch das Prinzip politischer und religiöser Toleranz. Grundmuster für die moderne Form der Studentenverbindung. Besonders Corpsstudenten pflegten im 19. Jh. einen aufwändigen Lebensstil, Corps wurden von adligen Studenten bevorzugt. Einige Corps wie die Heidelberger Saxoborussia hatten praktisch ausschließlich adlige Mitglieder.

Ephorat (von griechisch ephoros, Aufseher): Behörde, die Aufsicht über den moralischen Lebenswandel der Studenten führte. In Heidelberg 1805 begründet.

Fideikommiss (von lat. fides, Treue, und committere, anvertrauen): Rechtsform für ein Familienvermögen, das ungeteilt von Generation zu Generation weitergegeben werden musste. Der jeweilige Inhaber durfte den Ertrag nutzen, aber nicht frei über das Vermögen verfügen; auch im Insolvenzfall war der Fideikommiss vor den Gläubigern geschützt. Fideikommisse wurden durch das französische Zivilgesetzbuch, den Code Napoléon, in den französisch besetzten deutschen Gebieten abgeschafft, hatten im übrigen Deutschland aber während des 19. Jh. noch große Bedeutung. Die Auflösung wurde hier erst durch die Weimarer Reichsverfassung 1919 ermöglicht.

Fuchs, Fux: Das noch nicht mit allen Rechten und Pflichten ausgestattete neue Mitglied einer Studentenverbindung.

Fuchsenritt: Ulk-Zeremonie zum Abschluss des ersten Semesters, das ein Fuchs bei seiner Verbindung verbracht hat. Die Füchse „reiten" zum Lied „Was kommt dort von der Höh" auf Stühlen herbei und werden von den älteren Mitgliedern der Verbindung mit einem angekohlten Korken bemalt („gebrandet").

Hazardspiel: Glücksspiel.

Knote: Handwerksgeselle, der Lieblingsfeind der Studenten im 18. und früheren 19. Jh.

Kokarde: Rosettenförmiges Abzeichen (in der Regel aus Stoff) an Hut oder Mütze als Erkennungszeichen einer politischen Gruppe oder militärischen Einheit, auch an Beamtenuniformen, zum Beispiel bei der Polizei, üblich.

Komitat: (von lateinisch: comitatus, Begleitung) Feierlicher Geleitzug, in dem zum Beispiel Absolventen, die nach ihrem Examen die Universität verließen, von ihren Mitstudenten zum Bahnhof gebracht wurden. Auch den karnevalesken Zug, mit dem Delinquenten von ihren Kommilitonen unter großem Hallo zum Karzer geführt wurden, nannte man Komitat.

Komment, Comment (von französisch comment, wie): Sammlung studentischer Bräuche und Verhaltensregeln. Z.B. regelt ein Bierkomment die Trinksitten, ein Fechtkomment das Austragen von Mensuren.

Kontrahage (von französisch contracter, einen Vertrag schließen): eigentlich die Vereinbarung über Ort, Zeit und Bedingungen eines Duells. Jemandem eine Kontrahage anhängen bedeutet, ihn so zu beleidigen, dass eine Forderung zum Duell unvermeidlich ist. Verwandt damit ist der auch im allgemeinen Sprachgebrauch übliche Begriff „Kontrahent" (wörtlich: vertragschließende Partei) für (Duell-)Gegner.

Korona (von lateinisch corona, Kranz): Der Teilnehmer-/Zuschauerkreis einer studentischen Veranstaltung. Abgetretene Korona: Veranstaltung unter Ausschluss von Zuschauern.

Landsmannschaften: Seit dem 19. Jh. den Corps ähnliche Verbindungsform, aber eher bürgerlich geprägt. Mitglieder dieser Landsmannschaften saßen bevorzugt im Heidelberger Karzerraum „Solitude" ein. Nicht mit ihnen zu verwechseln sind die organisatorischen Vorläufer der Corps im 18. Jh., die ebenfalls als Landsmannschaften bezeichnet wurden.

Leibbursch, Leibfuchs, Leibenkel: Jeder Fuchs, also jedes neue Mitglied einer Studentenverbindung, wählt sich einen Burschen – ein älteres, vollberechtigtes Mitglied – als persönlichen Ansprechpartner und Mentor. Dieser Bursch ist der Leibbursch, der Fuchs sein Leibfuchs. Von Leibenkeln wird ein Leibbursch sprechen, wenn sein eigener Leibfuchs später selbst Leibfüchse bekommt.

Magnifizenz (von lateinisch magnificentia, Großartigkeit): Ehrentitel des Rektors einer Universität.

Mensur: Studentischer Zweikampf mit Fechtwaffen oder Pistolen. Das Wort (lateinisch mensura, Maß) bezeichnet die Abmessung, innerhalb derer ein Zweikampf auszutragen ist. Das Wort hat die Bezeichnung „Duell" unter Studenten im Laufe des 19. Jh. verdrängt. Ursprünglich lag solchen Zweikämpfen ein Ehrenhandel zugrunde, z.B. wurde Genugtuung für eine Beleidigung gefordert. Seit Mitte des 19. Jh. ist dies nicht mehr unbedingt Voraussetzung, eine Mensur kann ohne äußeren Anlass vereinbart werden. In vielen Studentenverbindungen ist das Fechten von Mensuren Pflicht der Mitglieder und wird dort als Beitrag zur Persönlichkeitsentwicklung angesehen. Zweikämpfe mit tödlichen Waffen waren strafrechtlich im 19. und 20. Jh. stets verboten. Ob studentisches Fechten unter dieses Verbot fällt, war lange umstritten. Entsprechend schwankend war die Reaktion der akademischen und staatlichen Behörden. Erst 1953 entschied der Bundesgerichtshof, dass Mensuren mit studentischen Fechtwaffen erlaubt sind, weil dabei keine schweren oder gar lebensgefährlichen Verletzungen drohen.

Pereat: Lateinisch für „er/sie soll zugrunde gehen", eine studentische Missfallenskundgebung. Unter einem „Pereatbringen" ist eine Zusammenrottung z.B. vor dem Haus einer missliebigen Person zu verstehen, bei dem die versammelten Studenten „pereat tief" oder dergleichen riefen.

Relegation: Verweis von der Universität. In den meisten Fällen war die Relegation auf zwei Jahre befristet, bedeutete also keinen dauerhaften Ausschluss. Sie wurde am Schwarzen Brett der Universität veröffentlicht und anderen Universitäten mitgeteilt.

Ruperto Carola: Name der Heidelberger Universität (nach dem Kurfürsten Ruprecht I., der die Universität 1386 gestiftet hatte, und dem Großherzog Karl Friedrich von Baden, der sie seit 1803 wieder aufbaute).

Schwarze Verbindung: Eine Studentenverbindung, die keine Farben führt. Während die meisten Verbindungen eine Kombination von zwei oder – häufiger – drei Farben verwenden, die sie als Brustband tragen, die aber auch den „Korb" (den Handschutz) ihrer Fechtwaffen ziert, benutzen schwarze Verbindungen stattdessen schwarzes Tuch.

Schwarze Waffen: Fechtwaffen, die nicht mit den Farben einer Verbindung versehen sind.

Senat (von lateinisch senatus, Ältestenrat): Bis zur Hochschulreform des 20. Jh. höchstes Organ einer Universität, früher zusammengesetzt aus den ordentlichen Professoren einer Universität oder auch nur den Dekanen und Prodekanen der Fakultäten. Der Senat war auch Berufungsinstanz in akademischen Gerichtsverfahren.

Studentenverbindung, Korporation: Ein fester Zusammenschluss von Studierenden an einem Hochschulort. Kennzeichnend sind das Lebensbundprinzip – die Mitglieder bleiben ihrer Verbindung auch nach dem Studium als „Alte Herren" treu – und das Conventprinzip – alle Entscheidungen fallen auf der Mitgliederversammlung, dem Convent. Sie werden also nicht z. B. von Delegierten getroffen. Das Fechten und das Tragen von Farben als Erkennungszeichen gehören dagegen nicht notwendig zu den Eigenschaften einer Studentenverbindung. Die ersten Studentenverbindungen im heutigen Sinne entstanden im späten 18. Jahrhundert. Das sind die heutigen Corps, die sich damals noch Landsmannschaften nannten. Die freimaurerisch geprägten Studentenorden übten großen Einfluss dabei aus. Da Frauen erst im späten 19. Jh. zum Studium zugelassen wurden (in Heidelberg 1891), nahmen auch Studentenverbindungen nur Männer auf. Sie haben dies zu einem großen Teil bis heute beibehalten. Mit Zulassung des Frauenstudiums entstanden jedoch auch Frauenverbindungen. In Heidelberg bestehen heute 33 Studentenverbindungen, davon eine Frauenverbindung und drei Korporationen, die sowohl Männer als auch Frauen aufnehmen.

Verruf: Ehrloserklärung, gesellschaftliche Ächtung. Der Verruf (oder Verschiss) konnte von einer Verbindung über einzelne Personen, aber auch über andere Verbindungen oder Vereinigungen ausgesprochen werden. Jeder Verkehr mit ihnen bzw. ihren Mitgliedern war dann verboten. Das konnte erhebliche wirtschaftliche Folgen haben, wenn z.B. ein Kaufmann oder Gastwirt in Verruf gerieten.

Zirkel: Monogrammartiges Zeichen einer Studentenverbindung, üblich etwa seit 1785. Besteht aus dem Anfangsbuchstaben der Verbindung und weiteren Buchstaben. Üblich sind dabei die Buchstaben v c f (vivat circulus fratrum, es lebe der Kreis der Brüder), bei Burschenschaften beispielsweise auch e~f~v (Ehre Freiheit Vaterland).

(Glossar: Raimund Neuß/Friedhelm Golücke, teilweise gestützt auf: Friedhelm Golücke, Studentenwörterbuch. Das akademische Leben von A bis Z, Graz/Wien/Köln 1987).

BILDNACHWEIS

Archiv Bartholomäus: Seite 147
Archiv der Burschenschaft Allemannia: Seiten 145 f., 149
Archiv der Burschenschaft Frankonia: Seiten 8 f., 29 f.
Archiv der Landsmannschaft Zaringia: Seiten 104 f.
Archiv des Corps Vandalo-Guestphalia: Seite 85
Eckhard Oberdörfer: Seiten 108 f., 110 – 112, 114 f., 116 – 144
Institut für Hochschulkunde Würzburg: Seiten 66 f., 79

Kurpfälzisches Museum Heidelberg: Seite 81
Sardellus Oberdörfer: Seite 176
Stadtarchiv Heidelberg: Seiten 20, 24, 27, 34 f., 40 f., 43 f., 60 f., 64, 73, 82, 87, 91, 101, 148
Universitätsarchiv Heidelberg: Seiten 46 – 51
Universitätsbibliothek Halle: Seite 39
Universitätsbibliothek Heidelberg: Seiten 37, 42, 52 f., 56, 58
Universitätsbibliothek Kiel: Seiten 18, 21

Sie haben ihr Herz in Heidelberg verloren – Eckhard Oberdörfer mit Frau Heike im historischen Studentenlokal „Seppl".

DER AUTOR

Dr. Eckhard Oberdörfer, geboren 1954 in Stendal, ist Redakteur der „Ostsee-Zeitung" in Greifswald. Schwerpunkte seiner wissenschaftlichen Arbeit sind Kunstgeschichte und Volkskunde Pommerns und der Altmark sowie Universitätsgeschichte. Hier hat sich Eckhard Oberdörfer vor allem mit der Geschichte der Universität Greifswald und mit dem Verhalten der deutschen Professoren- und Studentenschaft in der Weimarer Republik befasst. Außerdem gilt er als Experte für die Geschichte der akademischen Gerichtsbarkeit. Unter anderem hat er die Jurisdiktion der Rostocker Universität untersucht. Im SH-Verlag erschienen bereits seine Bücher *Ein fideles Gefängnis. Greifswalder Karzergeschichten in Wort und Bild* (zusammen mit Horst-Diether Schröder), *Noch hundert Tage bis Hitler. Die Erinnerungen des Reichskommissars Wilhelm Kähler* sowie „*Von der Wiege bis zur Bahre ist doch Gryps das einzig Wahre". Ein Streifzug durch die Geschichte der Universität Greifswald und ihrer Studenten.*

VOM SELBEN AUTOR ERSCHIEN IM SH-VERLAG

Ein fideles Gefängnis: In Text und Bild führt uns Eckhard Oberdörfer durch den Karzer der Universität Greifswald. Die Karzermalereien werden beschrieben und amüsante Geschichten über die Delikte, die zur Karzerhaft führten, werden Punkt für Punkt aus den Quellen belegt. Eine unterhaltsame und zugleich historisch zuverlässige Einführung in die Geschichte der akademischen Gerichtsbarkeit.

„Von der Wiege bis zur Bahre ist doch Gryps das einzig Wahre": Ein turbulenter Streifzug durch fünfeinhalb Jahrhunderte Universitätsgeschichte. Wir bewundern die Kunstschätze der Universität Greifswald, besuchen bedeutende Gelehrte und versponnene Genies in ihren Studierstuben, ziehen durch Studentenkneipen wie die legendäre „Falle" und lernen Greifswalder Lieder kennen.